에센스 인적자원관리

황 규 대

博 英 社

머 리 말

에센스 인적자원관리는 컴퓨터에 익숙한 디지털 시대의 교수와 학습자에 맞추어 인적자원관리의 핵심에 초점을 맞추어 흥미롭고 사고를 촉진하는 교재로 제작하고자 노력하였습니다. 비교적 빠른 시간 내 인적자원관리에 대한 중요한 부분을 학습하고자 하는 학습자를 대상으로 하고 있습니다. 그러나 에센스 인적자원관리는 교수와 학습자들이 다양한 선호가 있다는 전제하에 교수님의 취향과 학생들의 흥미수준에 맞추어 자유롭게 내용을 선택할 수 있도록 충분한 자료를 제공하고자 하였습니다. 또한, 에센스 인적자원관리는 시각적 효과를 위해 가능하면 도표를 많이 삽입하고 각 장 말미에는 이해도를 측정하기 위해서 약술식 문제와 객관식 문제를 포함하고 있습니다. 만약 더 자세한 설명이 필요하다면 「전략적 인적자원관리」(박영사)와 병행해서 학습을 하면 효과적일 수 있습니다. 에센스 인적자원관리에 대한 개선 아이디어가 있으면 자유롭게 제시하여 주시면 감사하겠습니다. 저자도 정규적으로 인적자원관리를 수업하고 있으므로 지속하여 교재를 수정 · 보완하고자 합니다. 마지막으로 교재를 준비하는 데 물심 양면으로 도움을 주신 성균관대학교 대학원 이동진 선생과 백상현 선생 그리고 박영사 김양형 편집위원 및 여러 관계자분께 감사를 드립니다.

서울 명륜동에서

차　례

제1장　HR의 중요성

제 2 장　경쟁적 환경

제 3 장　HR의 나아가야 할 방향

제 4 장 HR의 역할

제 5 장 HR전략

제 6 장　작업분석 및 설계

제 7 장 인적자원계획

제 8 장 외부충원

제9장 모 집

제10장 선발의 개념

제11장 선발기법

제12장 내부충원 및 이직

제13장 훈련 및 개발

제14장 성과평가

제15장 임금수준과 구조

제16장 임금체계와 종업원 공헌

제17장 복지후생

제 1 장

HR의 중요성

Ⅰ. 경영의 요소
Ⅱ. 인적자원의 특성
Ⅲ. 인적자원의 중요성
Ⅳ. 조직핵심역량으로서 HR
Ⅴ. 조직핵심역량이 되기 위한 기준

●학습목표●

경영에 있어서 HR의 중요성을 이해하고 HR이 경쟁우위를 달성하기 위한 조직핵심역량강화에 어떻게 기여하는지를 분석한다.

Ⅰ. 경영의 요소

1-1 개방체계로서의 경영

사회체계의 한 부분인 경영은 사회적 자원을 이용하여 사회구성원이 필요로 하는 제품 및 서비스를 창출하는 '개방적 생산 시스템'이다.

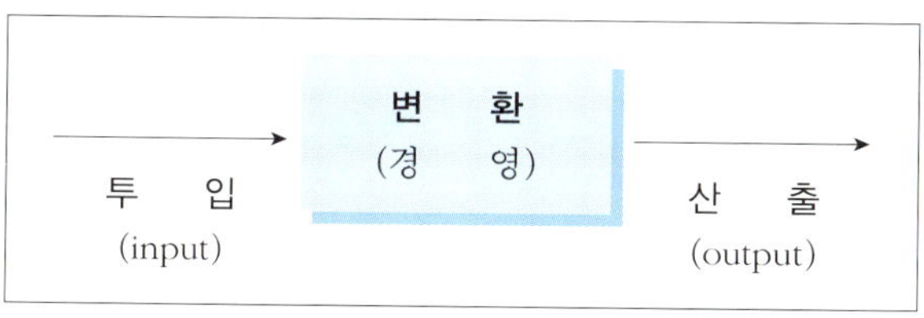

기업차원에서는 변환과정의 효과성(effectiveness)과 효율성(efficiency)은 조직 생존과 성장에 영향을 미친다. 국가적 차원에서는 변환과정의 효과성과 효율성이 국가경쟁력을 결정한다.

[용어정리]

효과성(effectiveness): 목표달성 정도

효율성(efficiency): 산출 대비 투입의 비율

국가경쟁력: 국민의 생활수준을 높이면서 개방된 국제교역시장에서 경쟁하기에 적합한 제품 및 서비스를 생산할 수 있는 능력

폐쇄체계: 환경과의 상호작용이 없는 시스템. 미리 프로그램된 신호체세나 생산실비의 제어시스템 등은 교통량이나 생산 현장의 변화에 의해 영향을 받지 않는 폐쇄시스템이라 할 수 있음

개방체계: 환경과의 상호작용을 통해 정보, 물질, 에너지 등을 주고 받는 시스템. 생명체, 기업조직, 정보시스템 등

1-2 경영의 구성요소

변환과정으로서의 경영은 크게 자본, 물적자원, 전략 및 정보 그리고 인적자원으로 구성되어 있다.

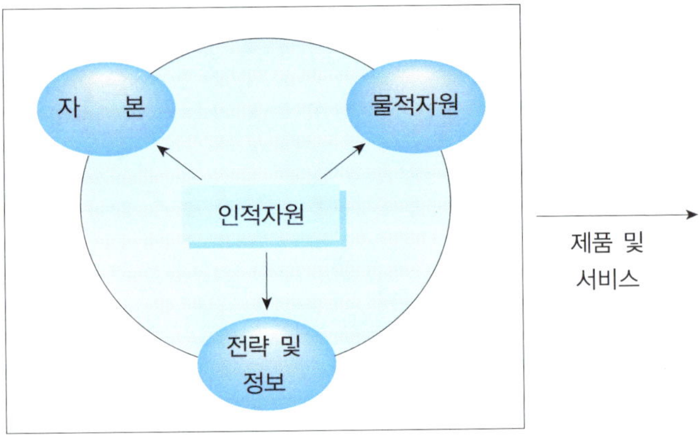

① 자본(capital)이란 일상적으로 자금을 의미하며, 기업을 창업하고 운용하는 데 필요한 재무자원(financial resource)이다. 이러한 자금은 창업자가 자체적으로 마련할 수도 있으며 주식이나 채권을 발행하여 투자자로부터 제공받을 수도 있고 또는 은행 등 금융기관으로부터 융통하는 경우도 있다.

② 물적자원은 기업이 제품과 서비스를 생산하는 데 직접적으로 사용되는 공장이나 사무실 등의 부동산, 생산설비, 원재료 등의 유형자산이다.

③ 전략이란 기업을 어떤 방향으로 그리고 어떤 방법으로 운용할지를 결정하는 과정이며 이러한 전략을 세우고 실행하는 데는 정보(information)가 필요하다.

④ 인적자원은 자본, 물적자원, 그리고 전략과 정보를 통합하여 실제로 기업을 운용하는 역할을 수행한다.

Ⅱ. 인적자원의 특성

신경제 속에서 기업이 지속적 경쟁우위를 달성하는 데 있어서 인적자원(Human Resource, 이하 'HR')의 중요성이 점점 중요해지고 있다.

2-1 HR의 특징과 기능: HR이 다른 경영요소와 다른 점

① 다양성: 욕망, 기대, 적성, 창의성, 목표 등에 있어서 다양한 개인차가 있어 표준화하기 어렵다.

② 창의성: 창의적으로 새로운 방법으로 자본과 원자재를 결합하여 효율적으로 재화 및 서비스를 창출할 수 있다.

③ 능동성: 환경과 조직에 능동적으로 적응할 뿐만 아니라 적극적으로 변화시키고자 한다.

④ 감성적: 이성적 요소뿐만 아니라 감정에 의해 많은 지배를 받는다.

[용어정리]

신경제(new economy): 경세에서 새로운 변화를 의미하는 용어로써 경제구조의 변화(예를 들면, 고용형태의 다양화, 낮은 인구증가율, 고령화 등), e-비즈니스의 발달 그리고 전문직 및 서비스 업종의 성장 등의 특징을 지닌다.

Ⅲ. 인적자원의 중요성

20세기에는 유형자산(시설, 자본 등)이 경쟁우위를 지키는 수단이었으나 20세기 말부터는 무형자산이 경쟁우위를 지키는 중요한 요인이 되었다.

3-1 무형자산이란

무형자산이란 오랜 기간 동안 사용가치를 지니면서도 구체적인 형태가 없는 자산으로 일반적으로 저작권, 특허권, 영업권 등이 이에 해당한다. 그러나 '지식기반의 경제'하에서는 고객관리, 제품 및 서비스 혁신능력, 신속하고 정확한 운영프로세스, 인적자원이 보유한 기술과 지식, 정보기술, 문제해결을 북돋아 주는 조직문화 등 조직역량이 무형자산의 중요한 부분으로 강조되고 있다.

[용어정리]

경쟁우위: 산업에 있어서 시장점유율을 획득하고 유지할 수 있는 기업의 능력

영업권: 영업을 할 수 있는 권리로서 그 영업이 보통 이상의 이익을 올릴 수 있는 경우 그 초과이익을 취득할 수 있는 특권을 이르는 것으로 무형자산의 일종이다.

기업들이 무형자산을 거래하는 경우는 별로 없기 때문에 유형자산처럼 시장거래를 통해 가격을 추론해 낼 수는 없다. 따라서 무형자산의 가치는 주식의 시장가치를 통해 간접적으로 드러나거나 회사의 인수 · 합병 등과 같은 특수한 상황에서 간접적으로 드러난다. 회사를 인수할 때 통상 영업권(goodwill) 명목으로 추가로 지불하는데, 이 중 상당 부분은 '무형자산'에 의한 것이다.

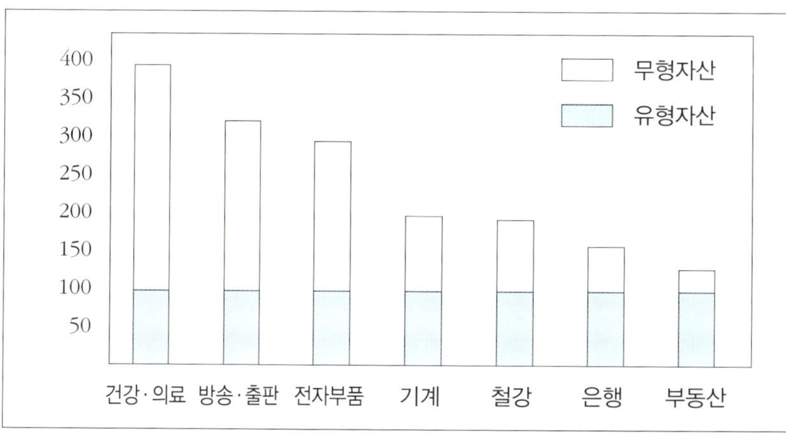

출처: Sveiby, K., The *New Organizational Wealth: Managing and Measuring Knowledge-based Assets*. 김용구 외 역(2005), 「지식시대의 조직 이렇게 키워라」, 미래경영개발연구원에서 일부 발췌한 것임.

위의 도표는 회사의 장부에는 기록되지 않지만 시장에서 인식되는 추가적인 무형자산의 가치를 상징적으로 나타낸다. 건강의료 업체와 유명 브랜드 소비재 업체들의 무형자산 비율이 가장 높다. 반대로 부동산업은 대부분 유형자산이다.

Ⅳ. 조직핵심역량으로서 HR

4-1 조직핵심역량의 의의

기업이 경쟁우위를 달성하기 위해서는 조직의 핵심역량의 구축이 필요하며 인적자원은 조직의 핵심역량에 있어서 중요한 구성부문이 된다.

HR → 조직의 핵심역량 → 경쟁우위 → 수익성 있는 성장

HR은 조직 내 무형자산에 영향을 미침으로써 조직핵심역량을 강화할 수 있다.

- 수익성 있는 성장(profitable growth): 우리나라 대기업들은 전통적으로 수익성보다는 성장에 초점을 두었다. 그래서 한때는 '문어발식 경영'이라는 비판을 받기도 했으며 1990년대 중반 외환위기 때 많은 부도사태와 경영의 어려움을 겪으면서 '성장위주'의 전략이 위험하다는 것을 인식하고 '수익성'을 동시에 강조하기 시작하였다.

4-2 무형자산 강화를 위한 HR

HR은 역량 있는 조직구성원의 선발과 육성, 창조적 조직문화의 개발, 공정한 보상을 통한 조직구성원의 성과 동기유발, 품질개선을 위한 과정과 절차 마련 등을 통하여 조직의 무형자산을 강화할 수 있다.

[용어정리]

조직핵심역량: 경쟁자들과 구별되게 고객에게 가치를 전달할 수 있는 조직역량

Ⅴ. 조직핵심역량이 되기 위한 기준

핵심역량은 소수이지만 기술혁신, 제품개발 그리고 고객서비스에 대한 장기적 기반을 제공한다.

[핵심역량의 예들]
① 맥도날드: 경영의 효율성과 훈련
② 캐논: 정밀기계, 광학, 마이크로 일렉트로닉스 분야

5-1 우리는 어떻게 핵심역량을 어떤 기준으로 파악할 수 있는가

조직은 중요한 부문에 강점이 있어 기업의 장기적 수익성을 달성하여야 한다. 이를 위해서 조직은 '선택'과 '집중'을 통하여 핵심부문에서 역량을 강화하고자 한다. 경쟁우위는 다른 경쟁자들과 차별화를 필요로 하므로 우리 조직만 갖고 있는 특수한 역량이어야 한다.

경쟁우위를 장기적으로 유지하기 위해서는 경쟁자가 쉽게 모방하여 유사제품을 만들 수 없어야 한다. 우리가 주위에서 쉽게 접촉할 수 있는 음식점을 예로 들어 보자. 같은 설렁탕이라도 경쟁우위가 있는 음식점의 맛은 다른 음식점이 모방하기 어려워 손님들이 계속 한 곳에 몰리게 된다. 만약 다른 음식점이 쉽게 모방할 수 있다면 설렁탕은 더 이상 경쟁우위의 요인이 될 수 없다.

무형자산이 경쟁우위 달성에 중요하지만 전부는 아니다(유형자산도 있음). 또한 무형자산에는 이미 언급한 바와 같이 조직구조, 조직문화, 인적자원의 질 등 다양한 요인으로 구성되어 있다. 따라서 기업은 이들 요소들을 시너지효과를 가져올 수 있게 통합할 수 있을 때 성과를 극대화할 수 있는 것이다.

[용어정리]

시너지효과(synergy effect): 상승효과(相乘效果)라고 번역됨. 즉, '1+1'이 2 이상의 효과를 낼 경우를 가리키는 말. 예를 들어, 경영다각화 전략을 추진할 경우, 이때 추가되는 새로운 제품이 단지 그 제품값만큼의 가치만이 아닌 그보다 더 큰 이익을 가져올 때를 의미함.

5-2 HR은 이런 조건을 충족시킬 수 있는가

HR이 핵심역량이 되기 위해서는 가치창출, 희소성, 모방의 어려움 그리고 조직화의 조건을 충족시켜야 한다.

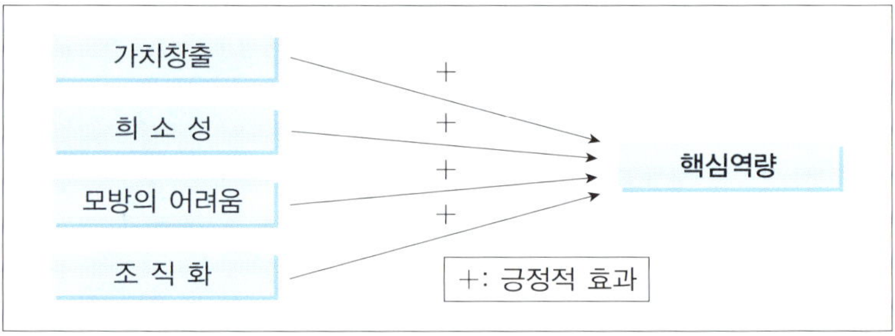

• 가치창출: 이미 언급한 바와 같이 점점 무형자산이 중요해지고 있다. HR기능의 조직 내 무형자산에 직·간접적으로 영향을 미쳐 기업성과에 지대한 영향을 줄 수 있다.

그러면 HR이 기업성과에 영향을 주는 과정을 살펴보자.

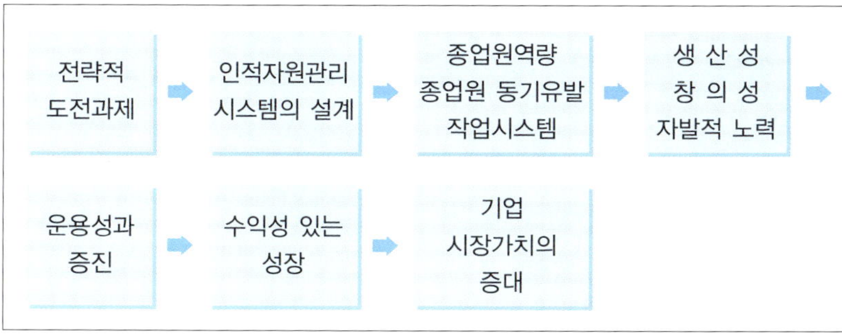

출처: Becker, B. E., Huselid, M. A., Pickus, P. S. & Spratt, M. F.(1997), HR as a Source of Shareholder Value: Research and Recommendations, *Human Resource Management*, 36, 1, 39-47.

위의 과정은 전략적 도전과제로부터 시작하고 있으며 인적자원 관리 시스템은 이런 전략적 도전과제를 기업이 잘 수행할 수 있도록 설계되어야 한다. 이러한 인적자원 시스템은 조직구성원의 역량과 동기유발, 그리고 작업시스템에 영향을 미치며 이는 인적자원의 생산성, 창의성 및 자발적 노력에 영향을 미쳐 궁극적으로 기업의 시장가치 증진에 기여하게 된다.

① 희소성: 실제로 우리나라 기업 중 HR을 잘 수행하고 있는 기업들은 손에 꼽을 수 있을 정도로 소수이다. 외국에서도 세계적 기업으로 명성을 날리고 있는 기업들(GE, Microsoft, CISCO 등)은 HR에 상당한 투자를 하고 있으며 수익성 있는 성장을 누리고 있다.

② 모방의 어려움: 이미 언급한 'HR이 기업성과에 영향을 주는 과정'을 살펴보면 연계가 상당히 긴 것을 알 수 있다. 이들 연계를 모두 충족시키지 않는 한 수익성 있는 성장을 달성하기는 어려울 것이다. 예를 들어, 사우스웨스트 항공사는 조직구성원들이 팀워크를 통하여 최선을 다하는 조직문화로 알려져 있다. 이를 유나이티드 에어라인이 모방하려고 시도했으나 결국은 기존의 조직문화와 맞지 않고 조직구성원의 반발 때문에 실패하였다. 이것은

HR이 경로의존적(path dependent)이기 때문이다.

HR시스템을 모방하기 어려운 또 다른 이유는 인과관계(causal effect)가 모호하기 때문이다. 예를 들어, A사가 B사의 MBO(목표관리)시스템을 모방하려고 한다고 가정하자. A사의 HR담당자가 B사의 종업원에게 MBO의 성공요인이 무엇이냐고 물으면 다양한 대답을 들을 수 있다. 혹자는 최고 경영자의 의지가 중요한 요소라고 말하는 반면, 다른 사람은 조직구성원의 참여를 촉진하는 조직문화 때문이라고도 말할 수 있다. 둘 다 맞는 말 같지만 A의 HR담당자는 어떤 요인이 MBO성공에 더 기여하는지를 판단할 수 없을 것이다.

③ 조직화: HR시스템의 성공은 인적자원의 수준, 조직과정, 조직문화, 노사관계 등 다양한 요인들에 의해 영향을 받는다. 이들 요인들이 서로 시너지 효과를 낼 수 있도록 잘 조화되어야 한다. 인적자원관리에서 조직구성원의 성과를 높이기 위해서는 먼저 역량 있는 종업원을 채용한 후 지속적으로 개발하고 동시에 공정한 보상으로 조직구성원이 일할 의욕을 북돋워야 한다. 즉, 조직구성원의 성과향상을 위해 선발, 개발, 보상 및 평가 등이 잘 이루어져야 한다는 것이다.

[용어정리]

경로의존적(path dependent): 조직의 필요성에 의해 장기간에 걸쳐 개발되어 경쟁사가 쉽게 모방하기 어려운 시스템

MBO(목표관리, management by objectives): 상사와 부하가 합의하여 목표와 작업일정을 설정한 후 목표의 달성 여부를 근거로 평가하는 제도. 원래 목표관리는 전반적 경영관리방법으로 제안되었지만 전통적인 인사평가의 한계를 극복하기 위한 대안으로 제시되기도 함.

연습문제

※ [1~2] 다음 내용을 나름대로 구성하여 보시오.

1. 한 기업이 다른 기업의 HR시스템을 모방하려고 할 때 어려운 점은 무엇인가?

2. 최고 경영자에게 HR의 중요성을 어떻게 설명할 것인가?

3. HR의 경로의존성은 핵심역량 기준 가운데 어떤 개념과 가장 밀접한가?

   ① 가치창출
   ② 희소성
   ③ 모방의 어려움
   ④ 조직화
   ⑤ 폐쇄성

4. 다음 중 무형자산이라고 볼 수 없는 것은?

   ① 유연한 조직
   ② 최신 설비
   ③ 혁신능력
   ④ 문제를 신속히 해결할 수 있는 능력
   ⑤ 유능한 인력

참고문헌

Barney, J. B.(1995), Looking Inside for Competitive Advantage, *Academy of Management Executive*, 9(4), 49-61.

Becker, B. E., Huselid, M. A., Pickus, P. S. & Spratt, M. F.(1997), HR as a Source of Shareholder Value: Research and Recommendations, *Human Resource Management*, 36(1), 39-47.

Prahalad, C. K. & Hamel, G.(1990), The core competency of the corporation, *Harvard Business Review*, 68(3), 79-91.

Snell, S. A., Shadur, M. & Wright, P. M.(2002), Human Resource Strategy: The era of our ways," in M. A. Fitt, R. E. Freeman & J. S. Harrison (eds.), *Handbook of Strategic management*, Oxford: Blackwell Publishing, 627-649.

Sveiby, K., *The New Organizational Wealth: Managing and Measuring Knowledge-based Assets*. 김용구 외 역(2005), 「지식시대의 조직 이렇게 키워라」, 미래경영개발연구원.

제 2 장

경쟁적 환경

Ⅰ. 경쟁적 환경의 의의
Ⅱ. 환경분석
Ⅲ. 신경제란 무엇인가
Ⅳ. 세계화의 진전
Ⅴ. 급속한 기술변화

●학습목표●

기업경영에 영향을 미치는 환경추세를 식별하고 이 추세들이 어떻게 HR관리에 영향을 미치는지를 이해한다.

Ⅰ. 경쟁적 환경의 의의

인간이 생존을 위해서 환경과의 관계에서 적응과 조성이 필요하듯이 기업도 생존하기 위해서는 기업을 둘러싼 환경에 적응(adaptation)하거나 환경을 자신에게 유리하도록 조성(shaping)하여야 한다.

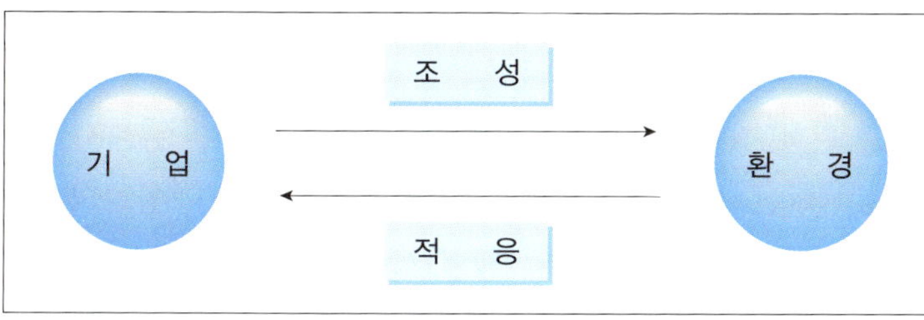

환경과의 관계에 있어서 적응은 수동적 전략 그리고 조성은 능동적 전략이라고 할 수 있다.

[용어정리]

적응(adaptation): 수용적 전략으로 새로운 FTA체결이나 소비자 취향의 변화 등과 같은 환경변화에 대응하기 위한 전략수립이나 신제품개발 등이 있다.

조성(shaping): 능동적 전략으로 경영에 유리하도록 입법 촉진, 장기적으로 기업 이미지를 개선하기 위해 어린이들을 위한 교육지원 등의 방법이 있다.

Ⅱ. 환경분석

2-1 기업환경이란 무엇인가

개방 시스템으로서의 경영을 보려는 관점은 조직의 여러 하위 시스템을 분리해서 취급하려는 것이 아니고 조직을 하나의 전체로서, 보다 큰 외부환경의 한 부분으로서 간주한다. 이렇게 함으로써 시스템 이론은 조직의 한 분야의 활동이 다른 모든 분야의 활동에 영향을 미친다고 주장한다.

시스템적 접근 방법은 끊임없이 변화하는 환경 속에서 의사결정을 해야 하는 경영자에게 준거의 틀을 제공한다. 경영자의 결정은 외부환경 속에서 전체 조직을 고려해서 이루어져야 한다.

기업경영에 영향을 미치는 외부 요인으로서 정치, 사회, 경제, 문화 등 포괄적 요인을 생각할 수 있다. 그러나 기업이 실제로 이들 환경을 모두 모니터링하는 것은 불가능한 것이다. 따라서 광범위한 환경의 범위를 경영에 영향을 미치는 과업환경(task environment)으로 축소할 필요가 있다. 기업들은 이들 환경 중 기업경영에 지대한 영향을 미치는 환경요인을 선택하여 집중적으로 대응전략을 수립하여야 한다.

[용어정리]

시스템(system): 특정 목적을 달성하기 위하여 여러 개의 독립된 구성인자가 상호간 의존적이고 영향을 미치는 유기적인 관계를 유지하는 하나의 집합체

과업환경(task environment): 기업경영에 직접적으로 영향을 미치는 환경으로 고객, 공급자, 규제기관, 경영자, 노동시장, 과학 및 기술단체 등이 포함된다.

2-2 어떤 과정을 통하여 환경을 분석할 것인가

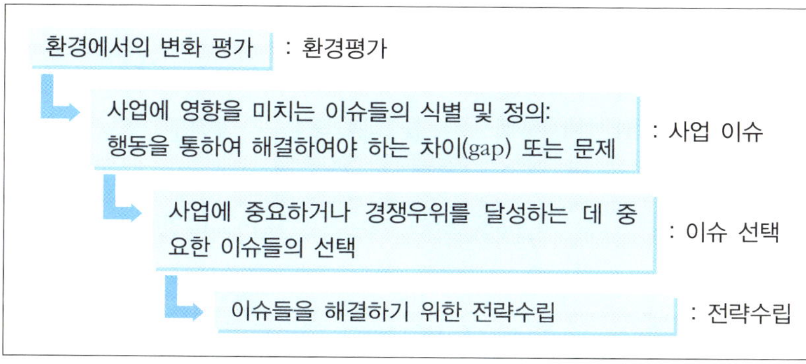

출처: Walker, T. W.(1992), *Human Resource Strategy*, McGraw-Hill, 26.

경영자는 환경의 추세를 파악하여 경영에 크게 영향을 미치는 이슈들에 대해서 집중적으로 대응방안을 수립하여야 한다. 이 과정에서 인적자원 담당자는 이슈들이 어떻게 인적자원관리에 영향을 미치는지를 분석하여 인적자원전략을 수립하여야 한다.

2-3 최근 기업경영에 영향을 미치는 주요 환경적 추세로는 무엇이 있는가

일반적으로 다음과 같은 추세를 들 수 있다.

① 신경제로의 이행

② 세계화 급진전

③ 급격한 기술변화

④ 조직역량 강조

이제부터 이들 각각에 대해서 자세하게 논의하기로 한다.

Ⅲ. 신경제란 무엇인가

신경제란 21세기 경제 추세를 나타내는 추상적인 개념으로 e-비즈니스, 전문직 및 서비스 업종의 성장, 유연한 고용구조 등으로 특징지어질 수 있다. 이러한 신경제는 HR관리에 다양한 영향을 미친다.

분 야	신경제 요소	HR 관리에의 영향
IT	Internet의 발달	전자 HR관리(e-채용, 사이버 교육, Intranet에 의한 복지후생 변경 등)
인구구조	저출산/낮은 인구 증가율	인재의 확보/유지에 대한 관심 증대 유연한 고용구조(파트-타임, 파견직, 비정규직 등)
	여성 노동력의 증가	고용차별에 대한 관심증대 유연한 HR시스템(예 유연한 복지제도, 탁아소 운영, 융통적 근무시간제 등) 글래스 실링(glass ceiling)이나 글래스 월(glass wall)의 제거 등
	노 령 화	임금 피크제, 단계적 퇴직 제도
경제구조	산업구조의 변화	전문 및 서비스 업종 증가 지식의 중요성 증대 생애에 걸친 개발 인력공급부족에 따른 '인재전쟁' 노동수요 변화 유발

[용어정리]

융통적 근무시간제(flex time schedule): 경영이 정한 범위 내에서 유연한 출근 및 퇴근시간을 허용하는 작업스케줄. 하루 일과 시간 중 모든 종업원이 근무해야 하는 '핵심근무 시간대'가 중간에 있고 출·퇴근이 자유로운 '융통적 근무시간대'가 일과 시간 전반부와 후반부에 있다.

글래스 실링(glass ceiling): 자격 있는 사람이 조직 내에서 잠재력을 충분히 발휘할 수 있는 상위 직급에의 승진을 가로막는 보이지 않는 장애. 이는 원래 여성 종업원이 어느 단계 이상의 수준을 넘어서는 승진이 되지 않는다는 한계점의 개념이었다.

글래스 월(glass wall): 상위 직위에 이르도록 하는 직무에 전환배치되는 기회가 적은 현상. 여성 관리자들은 라인 직위보다는 스탭 직위를 담당하는 경우가 많아 승진에 필요한 광범위한 경영 스킬을 습득할 기회가 적다. 유사하게 스티키 플로어(sticky floor)란 보수도 낮고 승진이 안 되는 직위에 고착되어 있는 상황을 의미한다.

임금 피크제: 일정한 연공 또는 연령에 도달하면 임금인상을 하지 않는 제도. 임금은 연공 또는 연령과 밀접하게 연관되어 있으므로 노령화가 진전될수록 임금도 증가될 수 있다. 따라서 임금피크제를 도입함으로써 기업은 경험 있는 근로자를 계속 고용할 수 있으며, 근로자도 퇴직 대신에 계속 근무할 수 있다.

단계적 퇴직 제도: 고령 근로자의 경험과 지식을 살리기 위해서 일시에 정년퇴직하는 것이 아니라, 일정기간 동안 근무시간 및 책임을 단계적으로 축소하는 제도이다.

Ⅳ. 세계화의 진전

Noe 등(2003)에 따르면 세계화라는 개념에는 새로운 시장, 새로운 상품, 새로운 의식구조, 새로운 역량, 그리고 사업에 대한 새로운 사고방식 등이 포함되고 있다.

[세계화 진전이 HR에 미치는 영향]

① 문화적 다양성에 대한 이해: 냉장고의 경우 우리나라에서는 '김치'보관이 중요한 요소이지만 다른 나라에서는 다른 요인이 중요할 수 있다. 인적자원관리 측면에서는 외국인 근로자가 증가함에 따라 '다문화'에 대한 이해가 점점 중요해진다.

② HR은 세계적 수준의 민첩성과 유효성을 확보할 수 있는 구조와 문화를 창출하여야 한다.: 국제적 경쟁이 심화될수록 '세계 초일류'만이 살아남는 경향이 있다. 이는 컴퓨터 운영체계에 있어서 Microsoft사의 Windows가 세계를 석권하는 예에서 잘 알 수 있다.

③ '인적자원'의 중요성 증대: '사람'이 사업 성공에 중요 요소가 되면서 엄밀한 종업원 선발, 인적자원개발, 역량에 근거한 보상 등의 중요성이 대두되었다. 다국적기업은 다양한 외국인을 고용하고 있으므로 이들을 조직의 비전과 전략을 일관성 있게 달성할 수 있도록 효과적으로 통합하는 것이 무엇보다 중요하다.

④ 세계화는 '조직화된 노동운동'에 부정적 영향을 미친다.: 자본과 상품의 자유로운 이동은 노동력을 독점하여 근로조건을 개선하고자 하는 노동조합에는 위협요인이 된다.

Ⅴ. 급속한 기술변화

기술(technology)이란 지식을 이용하여 투입(노동과 원재료)이 제품 및 서비스(산출)로 전환되는 과정을 의미한다.

5-1 기술의 특성

Ulrich 등(2005)에 따르면 기술의 특성은 다음과 같이 정리될 수 있다.

① 신속성(speed): 기술은 세상을 점점 빠르게 한다. 컴퓨터 활용이 급증하는 환경에서 아이디어와 이미지는 전 세계로 신속하게 퍼진다. 이 결과로 신제품의 개발주기도 점점 단축되고 있다.

② 효율성(efficiency): 속도의 증가에 따라 단위당 생산비용도 급격히 하락하고 있다. 이에 대한 전형적인 예로 컴퓨터 칩을 들 수 있다. 생산과정과 사업과정에 새로운 기술을 지속적으로 적용한 결과 지난 30년간 컴퓨터 칩의 가격은 급격히 하락하였다. 통신기술의 발달은 원격지간 회의, 재택근무, 정보자료 공유 등 업무수행 방식과 장소에 영향을 크게 미쳤다.

③ 연계성(connectivity): 정보기술의 발달은 기업의 가치사슬(value chain)상에 있는 모든 이해관계자들 — 공급자, 설계자, 생산자, 고객, 투자자 등 — 을 더욱 밀접하게 결속시켜 대규모적이고 강력한 인간 네트워크를 발달시킬 수 있게 하였다.

④ 고객화(customization): 기술은 기업들이 고객의 요구를 신속하고 정확하게 식별하여 고객맞춤형 제품 및 서비스를 생산할 수 있게 한다. 예를 들어, BMW 고객들은 새로이 구매하고자 하는 차량

에 대한 세부사항을 수천의 공급업자와 공장에 직접 전자상으로 입력할 수 있다. 그러면 부품가능성, 분배에 관한 정보, 생산스케줄 등에 근거하여 고객맞춤형 차량의 인도날짜를 5초 내에 계산하여 고객에게 알려줄 수 있다. 유럽에서 판매되는 BMW의 80퍼센트가 이런 식으로 고객맞춤형으로 판매되고 있다.

5-2 기술이 조직에 미치는 영향

- 종업원 스킬과 행동에 있어서 변화유발
- 비숙련 종업원의 대체
- 자율작업팀 증대
- 경영계층의 단축
- 원격 의사소통
- 인터넷에 의한 기회
- 전자 모니터링 및 종업원 사생활 보호

출처: Mello, J. A.(2002), *Strategic Human Resource Management*, South-Western, 39.

① 새로운 기술이 개발되고 도입됨에 따라 요구되는 종업원의 스킬과 행동도 변한다.

② 기술의 변화는 훈련과 스킬을 필요로 하는 노동력을 증대시키고 단순한 인력은 감소시키는 경향이 있다.

③ 급속한 기술의 발전은 지식 노동자의 중요성을 부각시키며 생산계획, 재고통제, 품질통제 등이 점점 종업원 통제하에 있는 자율작업팀(autonomous work team)이 가능하게 한다.

④ 컴퓨터에 의한 중앙집중적 관리와 원격 의사소통이 가능해짐으로써 경영계층을 단축할 수 있다. 예를 들어, 재택근무가 증가하

여 이것은 종업원과 조직에 모두 긍정적 영향을 미칠 수 있다.

⑤ 인터넷의 보급은 새로운 사업기회를 창출하였다. 온-라인 매출이 점점 증가하고 있다. 기업들은 이전 추세에 신속히 대응하여야 한다.

⑥ 정보기술이 발달함에 따라 종업원의 사생활에 대한 이슈가 점점 중요해지고 있다.

[용어정리]

자율작업팀(autonomous work team): 기존의 업무기준(work standards)과의 차이점을 줄이기 위해 팀의 행동을 스스로 결정하는 전략을 가진 팀. 상사 또는 조직에서 정해 준 범위 내에서 업무를 수행하기 위해서, 자체적인 팀의 행동 통제권한과 의사결정 권한을 가지고 있어 자율적으로 팀을 운용할 수 있다. '무엇(what)'에' 대한 것은 주어진 상황에서 '어떻게(how to)'에 대한 자율권이 부여된 팀이라 할 수 있다.

연습문제

1. 독자 스스로 특정 기업을 선정하여 기업경영에 영향을 미치는 환경을 분류하고 영향 방향을 논의하시오.

2. 여성 노동력 증가에 따른 HR관리의 변화방향을 논의하시오.

3. 기업이 환경을 조성하려는 노력으로 볼 수 없는 것은?

   ① 유치원에 자사 제품 기부
   ② 입법에 대한 로비
   ③ 소비자 취향 조사
   ④ 평소에 이해관계자 관리
   ⑤ 정답 없음

4. 상위 직위에 이르도록 하는 직무에 전환배치되는 기회가 적은 현상을 의미하는 용어는?

   ① glass ceiling
   ② 정리해고
   ③ glass wall
   ④ 전환배치
   ⑤ 비정규직

참고문헌

Dill, W. R.(1958), Environment as an Influence on Management Autonomy, *Administrative Science Quarterly*, 2, 409-443.

Mello, J. A.(2002), *Strategic Human Resource Management*, South-Western.

Noe, R. A., Hollenbeck, J. R., Gerhart, B. & Wright, P. M.(2003), *Human Resource Management*, 4th ed., McGraw-Hill.

Robey, D.(1982), *Designing Organizations: A Macro Perspective*, Richard D. Irwin, Inc., Homewood, Illinois, 122.

Ulrich, D. & Brockbank, W.(2005), *HR: The Value Proposition*, Harvard Business School Press.

Walker, T. W.(1992), *Human Resource Strategy*, McGraw-Hill, 25.

제 3 장

HR의 나아가야 할 방향

●학습목표●

HR의 변화추세를 파악하여 HR이 어떻게 부가 가치를 창출하고 구체적인 성과를 결과하는 방법을 이해한다.

HR은 조직구성원들이 가치창출에 기여할 수 있도록 전략을 창출하고 자원을 조직하여야 한다. 그러기 위해서 HR은 다음과 같은 특성을 지녀야 한다.

① 경쟁우위달성에 기여
② 내·외부 이해관계자에 초점
③ 사업전략과의 연계강화
④ 구체적 결과강조
⑤ 행동으로의 전환
⑥ HR기능의 수평적 통합

Ⅰ. 경쟁우위 달성에 기여

HR을 위한 HR이 아니라 HR은 기업의 경쟁우위 달성에 기여하여야 한다. HR이 경쟁우위 달성에 기여하는 과정은 다음과 같이 요약할 수 있다.

HR —(기여)→ 조직자본 —(기여)→ 핵심역량 —(기여)→ 경쟁우위

[용어정리]

조직자본(organizational capital): 지식과 물적자본을 기업의 가치로 전환시키는 시스템과 기술

Ⅱ. 조직 내·외부 이해관계자에 초점

기업성과증진에 HR이 기여하기 위해서는 조직내부 이해관계자는 물론 조직외부 이해관계자들에게 초점을 맞추어야 한다.

① 내부 이해관계자: 종업원, 경영자, 노동조합 등

② 외부 이해관계자: 고객, 공급자, 사회, 정부, 투자자 등

[HR의 이해관계자에 대한 기여]

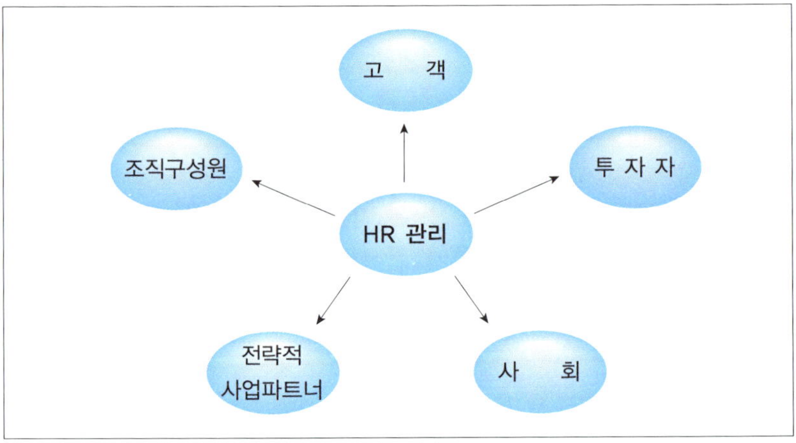

[용어정리]

이해관계자(stakeholder): 기업경영의 효율성에 영향을 미치거나 또는 영향을 받는 사람이나 집단

전략적 사업파트너(strategic business partner): 기업의 원활한 운영에 핵심적인 역할을 수행하는 조직으로서 원재료나 부품공급자, 노동조합, 조인트벤처(joint venture) 파트너 등이 있다.

2-1 투자자와 HR: 투자자와의 연계성을 강화하기 위한 HR 행동

주요 투자자는 재무적 성과는 물론 조직문화, 인적자원의 질, 조직구조 등과 같은 무형자산에도 관심을 갖는다. 이러한 투자자의 관심을 충족시키기 위하여 HR은 다음과 같은 활동을 수행할 수 있다.

- 주요 투자자의 성향과 주식보유목적 파악
- 무형자산에 대한 감사 및 평가
- 무형자산의 가치를 증대시킬 수 있는 HR시스템 구축
- 조직의 비전, 구조, 핵심기술, 조직문화 등에 대한 투자자의 기대에 부응한 적절한 변화의 추구

2-2 고객과 HR: 제품이나 서비스에 대한 장기적 고객충성심 유발요인들

① 신뢰성(믿음성과 정확성)
② 반응성(서비스의 신속성)
③ 확신(신뢰와 자신감)
④ 감정(개인적 배려 및 주의)
⑤ 표현(시설과 종업원의 외양)

2-3 고객과의 연계성을 강화하기 위한 HR 활동들

① 고객과의 '인간관계'를 강화할 수 있는 역량중심의 충원
② 교육 · 훈련 설계시 고객으로부터의 피드백이나 참여강화
③ 평가 및 보상시 실적뿐만 아니라 고객만족을 측정할 수 있는 비재무적 지표활용
④ '고객의 욕구' 파악기법에 대한 훈련 프로그램

2-4 HR과 외부고객(external customer)

HR은 외부고객이 조직활동과 결과에 직접적으로 기여하도록 함으로써 경쟁우위와 조직성과를 강화할 수 있다.

[외부고객에 대한 HR의 영향]

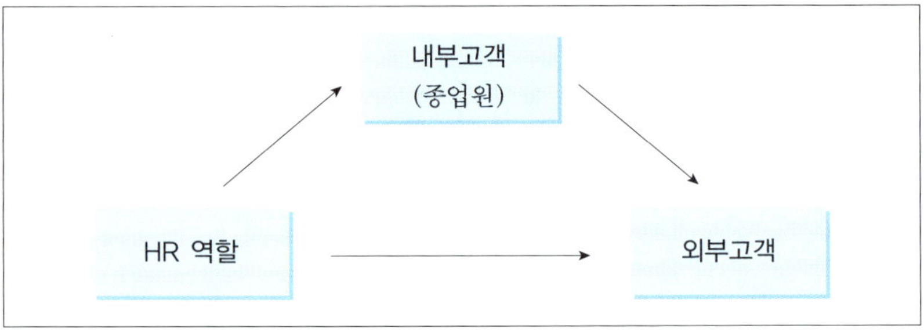

2-5 고객위주의 HR 절차

[고객의 관점을 HR관리에 어떻게 도입할 수 있는가]

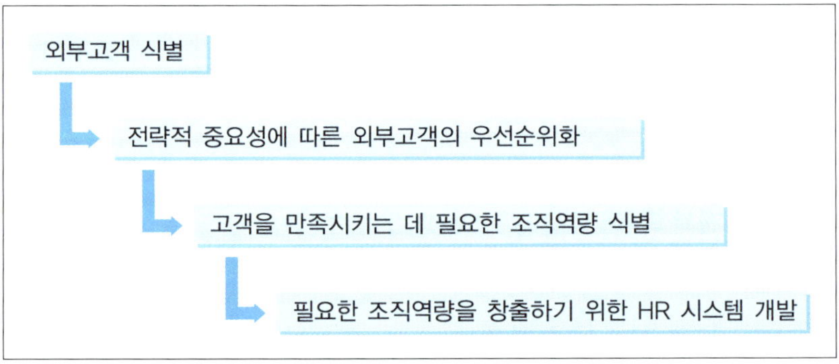

Ⅲ. 사업전략과의 연계강화

① HR이 조직 내·외부 이해관계를 만족시켜 지속 가능한 경쟁우위(sustainable competitive advantage)를 달성하기 위해서는 사업전략과 연계시켜야 한다.

② 재무적으로 성공적인 대부분의 기업들은 HR을 '전략적 파트너'로 여기고 있으며 HR기능은 장기적이고 변혁적인(transformational) 기능을 수행하고 있다.

③ 전략적 HR은 최근의 HR 추세를 반영하는 개념으로서 전통적 HR과 비교될 수 있다.

[전통적 대 전략적 인적자원관리]

	전통적 인적자원관리	전략적 인적자원관리
HR에 대한 책임	전문 스태프	일선 관리자
초 점	종업원 관계	내부 및 외부 고객과의 파트너십
HR의 역할	거래적, 변화추종자, 반응적	변혁적, 변화주도자, 선행적
추진방법	느리고 반응적이며 단편적	신속하고 선행적이며 통합적
계획기간	단기	필요에 따라 단기, 중기, 장기
통 제	관료적 – 역할, 정책, 절차	유기적 – 성공을 위해 무엇이는 행함
직무설계	노동의 분화, 전문성, 독립적	유연성, 팀워크, 교차훈련
주요 투자	자본, 제품	사람, 지식
책 임	비용에 초점	투자에 초점

출처: Mello, J. A.(2002), *Strategic Human Resource Management*, South-Western.

전통적 HR 접근법은 HR에 대한 책임이 전문 스태프에 있는 반면에 전략적 접근법에서는 직능적 분야(예 생산, 마케팅 등)에 상관없이 누구나 HR관리자가 된다.

전통적 접근법에는 종업원들을 동기화시키고 생산적으로 만들기 위해서 그리고 HR관련 법규를 준수할 수 있도록 종업원관계에 초점을 두는 반면에 전략적 접근법은 내·외부 이해관계자들과의 파트너십에 초점을 맞추고 있다.

전통적 HR에 의한 변화노력은 통상 느리고, 단편적이며 전략이나 조직과 통합되지 않고 있는 반면에 전략적 HR은 변화를 이끄는데 있어서 보다 주도적이며 체계적이다.

전통적 HR은 종업원을 공정하게 대우하며 조직운용의 예측성을 확보하기 위해서 규칙, 절차 그리고 정책을 위주로 한 관료적 통제를 결과하는 쉬운 반면에, 전략적 HR은 그러한 관료적 통제의 원인들을 조직능력의 제약요소로 인식하고 유기적(organic) 또는 느슨하고 자유스러운 통제방법을 활용한다.

[용어정리]

전략적 HR(strategic HR): '사람관리'에 가장 높은 우선순위를 부여하며 회사의 전략 틀 내에서 모든 인적자원의 정책과 프로그램을 통합하는 접근 방법

변혁적(transformational): 외형상의 변화가 아니라 질적 변화를 의미하는 깊은 변화(deep change). 변혁은 조직의 이해관계자들이 기업의 근본적 이미지 변화를 결과함

거래적(transactional): 사회적 관계에 있어서 내가 받은 만큼만 기여(또는 일)한다는 경제적 개념을 적용하는 현상

Ⅳ. 구체적 결과강조

① HR이 조직자본 창출에 기여하기 위해서는 구체적인 성과를 전달할 수 있어야 한다.

② 전략적 지도(strategic map)는 HR의 성과전달물과 재무적 성과 사이에 대한 연계성 파악에 도움이 된다.

[전략적 지도의 예]

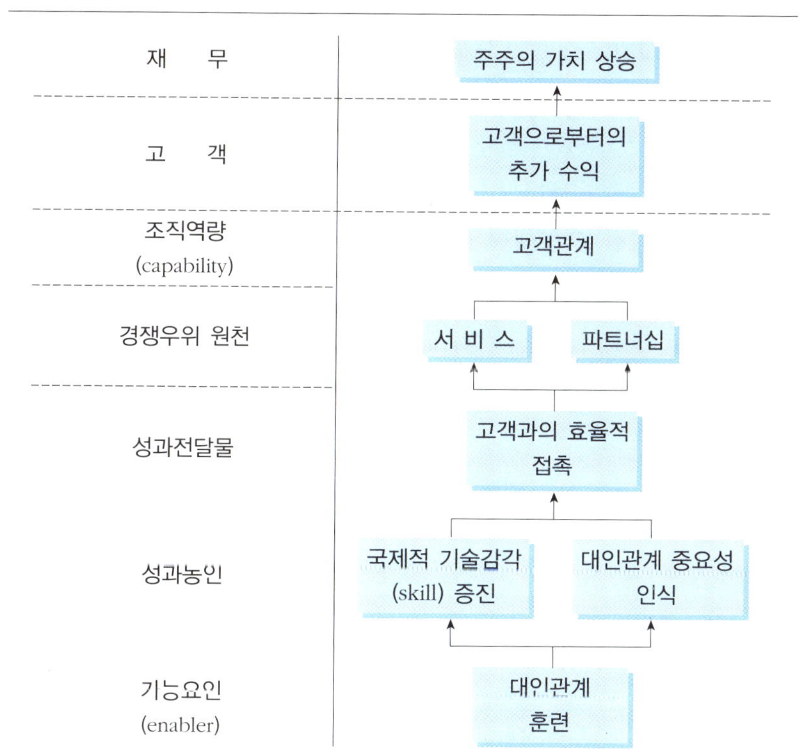

[용어정리]

성과전달물(deliverables): 연구 및 개발(Research and Development: R&D)에서 창출된 특허화된 지식, 친절하고 정확한 A/S에 대한 회사명성, 정확한 납기준수에 대한 상표이미지 등 HR이 구체적으로 달성하려는 목표

Ⅴ. 행동으로의 전환

① HR은 조직의 추상적인 비전을 구체적인 행동으로 전환시켜야 한다.

② HR시스템은 공동의 산출물(output)을 달성하기 위해서 개인들을 일관성 있게 행동하도록 하는 역할을 수행한다.

③ 즉, HR시스템은 HR시스템에 대한 투입(즉, HR의 지식, 스킬, 능력 등)을 사업전략 실행에 부합되는 행동으로 변환시켜(즉, 이들 투입을 결합하여 바람직한 행동을 유발) 조직이 바라는 결과들(즉, 제

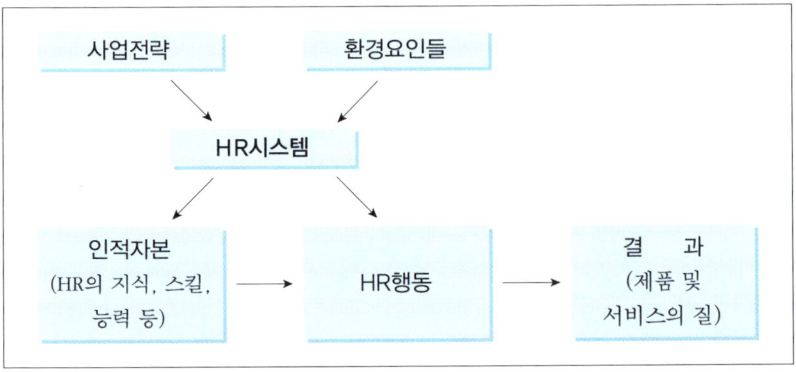

출처: Wright, P. M. & McMahan, G. C.(1992), Theoretical Perspectives for Strategic Human Resource Management, *Journal of Management*, 18(2), 295-320.

품 및 서비스)을 산출하는 변환과정(throughput phase)에 해당된다 고 볼 수도 있다.

> **[용어정리]**
> 인적자본(human capital): 임무를 원활하게 수행하는 데 필요한 조직 구성원이 지니고 있는 지식, 스킬, 능력 등

Ⅵ. HR기능의 수평적 통합

① HR이 조직 내·외부의 이해관계자들의 요구를 충족시키기 위해서는 HR 기능들(예 충원, 개발, 평가, 보상 등)이 일관성 있게 서로 통합되어야 한다.

② 다음의 벡터를 생각해 보자.

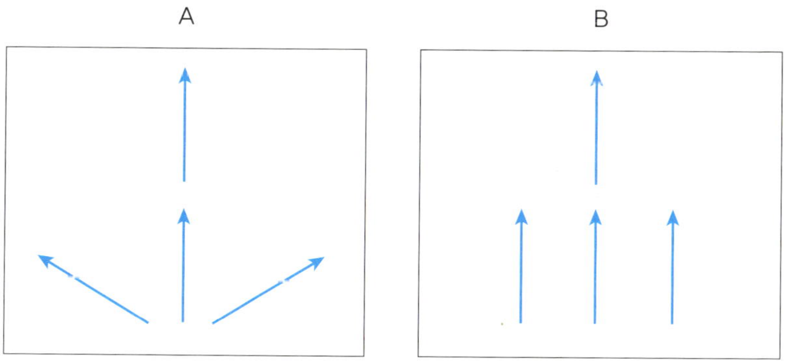

③ B의 경우에는 각 화살표들이 일관된 방향(즉, 목표)을 향하고 있으나 A의 경우에는 그렇지 않다.

④ A와 B의 상황을 HR에 응용해 본다면 A의 상황은 CEO(chief executive officer, 최고경영자)가 중간관리자들에게 업무에 주인의식을 가지고 임하라고 강조하면서 보상을 연공서열에 의해 지불하는 경우에 해당한다. 반면에 B의 상황은 중간관리자에게 주인의식을 강조하면서 보상은 성과에 근거하여 결정하는 상황과 비슷하다.

⑤ 따라서 HR기능들의 일관성 있는 통합을 위해서 시스템적 접근법을 취하여야 한다.

연습문제

1. HR의 변혁적 역할의 예를 들어 보시오.

2. HR이 부품 공급자에게 도움을 줄 수 있는 방법을 생각해 보시오.

3. 전략적 HR의 특징으로 볼 수 없는 것은?

① 변혁적
② 종업원 중심
③ 전문화 강조
④ 파트너십
⑤ 방어적

4. HR이 나아가야 할 방향으로 보기 힘든 것은?

① 가치창출 기여
② 외부 이해관계자에의 관심 증대
③ 종업원과 거래적 관계 강조
④ 구체적 성과물 제공
⑤ 정답 없음

참고문헌

Becker, B. E., Huselid, M. A., Pickus, P. S. & Spratt, M. F.(1997), HR as a Source of Shareholder Value: Research and Recommendations, *Human Resource Management*, 36(1), 39-47.

Berry, L.(1999), *Discovering the Soul of Service: The Nine Drivers of Sustainable Business Success*, Free Press, New York.

Mello, J. A.(2002), *Strategic Human Resource Management*, South-Western.

Ulrich, D. & Brockbank, W.(2005), *HR: The Value Propositions*, Harvard Business School Press, Boston, MA.

Wright, P. M. & McMahan, G. C.(1992), Theoretical Perspectives for Strategic Human Resource Management, *Journal of Management*, 18(2), 295-320.

제 4 장

HR의 역할

●학습목표●

기업의 경쟁우위 강화를 위해서 수행하여야 하는 HR의 역할을 파악한 후 각 역할별 HR의 책임을 고찰한다.

Ⅰ. HR의 의의

기업들은 세계화, 신경제, 급속한 기술발전 속에서 고성과 작업조직을 구축할 필요가 있다. 인적자원관리는 이런 도전에 대응하여 기업이 성공적으로 경쟁우위를 달성하는 데 있어서 핵심적 역할을 수행한다. 기업이 경쟁적 도전에 효율적으로 대응하는 데 있어서 인적자원관리가 기여하기 위해서는 인적자원관리는 점점 복잡해지고 다양한 기능을 수행하여야 한다.

Ⅱ. HR기능의 유형

2-1 경쟁우위 달성을 위한 HR기능의 역할

HR의 중심이 전통적인 기능으로부터 전략적 기능으로 변해가고 있다고 했지만 현실적으로는 HR은 운영적 역할과 전략적 역할을 동시에 수행하여야 하며, 감시자이자 지원자이어야 하며, 단기와 장기에 걸쳐 기업목표 달성에 기여하여야 한다.

미시건 대학교 데이브 얼리치(Dave Ulrich) 교수는 HR기능을 다음과 같이 4유형으로 분류하였다. 수직적 차원은 미래지향적 · 전략적 관점과 일상적 · 운영적 관점을 나타내며, 수평적 차원은 사람중심과 과정중심을 나타낸다.

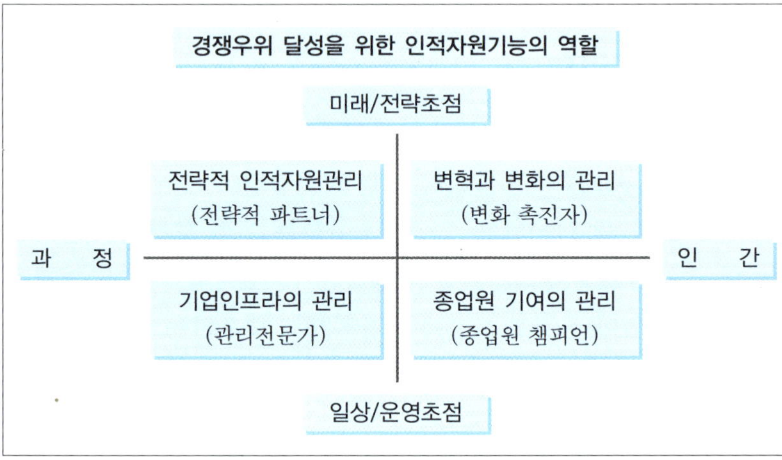

2-2 HR기능의 역할과 성과물

HR기능의 유형에 따라 각각의 역할은 전략적 인적자원관리, 기업인프라관리, 종업원 공헌의 관리 그리고 변혁 및 변화의 관리로 구분될 수 있으며, 이들은 전략적 파트너로서의 역할, 관리전문가로서의 역할, 종업원 챔피언으로서의 역할 그리고 변화 촉진자로서의 역할로 불린다. 역할별 성과물, 활동 등을 정리하면 다음과 같다.

역 할	성 과 물	명 칭	활 동
전략적 인적자원관리	전략의 실행	전략적 파트너	인적자원관리와 사업전략의 방향을 일치시킴: "조직진단"
기업 인프라관리	효율적인 인프라구축	관리 전문가	조직 프로세스에 대한 리엔지니어링: "서비스 공유"
종업원 공헌의 관리	종업원의 헌신과 역량의 향상	종업원 챔피언	종업원에 대한 경청과 반응: "종업원에 대한 자원제공"
변혁 및 변화의 관리	쇄신된 조직의 창출	변화 촉진자	변혁과 변화의 관리: "변화역량의 확보"

출처: 김용구 외 옮김(2003), 「HR Champions: 21세기 인사전문가의 새로운 역할과 과제」, 미래경영개발원, 65.

Ⅲ. 전략적 파트너(strategic partner)

3-1 전략적 파트너의 핵심

전략적 파트너의 핵심은 전략창출과 실행에의 기여이다.

3-2 전략적 파트너로서 HR의 역할

HR은 급변하는 환경에 대응하기 위한 조직역량을 구축하여야 한다. 회사의 독특한 사업전략과 문화에 맞는 HR시스템을 구축하기 위해서는 HR은 사업을 이해하고 있어야 한다. 그리고 사업전략을 실행에 옮기기 위해서는 조직구조, 문화 및 다양한 HR기능들이 통합되어야 한다. 구체적으로 요약 · 정리하면 다음과 같다.

① 주요 경영이슈에 대한 이해
② 전략수립과정에의 참여
③ 주요 태스크 포스에의 참여(예 아웃소싱, ISO 9000; 2000 등)
④ 시스템적 사고에 의한 전략실행
⑤ 기업 특유의 문화 추진

[용어정리]

아웃소싱(outsourcing): 조직의 다양한 기능(예 모집활동, 설비유지 및 보수, 경비 등)을 외부소식에 위탁하여 수행하는 세도

ISO 9000; 2000: 스위스에 있는 The International Organization for Standardization에서 개발한 일련의 품질보증기준으로 세계적으로 채택되고 있다.

3-3 추진단계

- 조직구성체계(organizational architectural)의 수립
- 조직감사(organizational audit) 실시
- 조직구성체계의 개선
- HR기능의 우선순위설정

3-3-1 조직구성체계 수립

① 조직구성체계는 조직의 모든 부분을 포함하는 포괄적인 설계이다. 이런 포괄적인 설계도에 의해서 구성부문들이 어떻게 상호작용하는지를 알 수 있어 기업운영의 여러 측면을 고려하여 하나의 운용방식을 설계할 수 있다.

② 조직구성체계는 다양한 요소를 체계적으로 고려하게 하며 근시안적 시각을 벗어나 시스템적으로 조직을 분석하는 데 도움이 된다.

③ 조직구성체계를 수립하는 데 활용되는 대표적 모델은 Mckinsey's 7-S model, Galbraith's star model 등이 있다. 7-S model은 전략(Strategy), 구조(Structure), 시스템(System), 인간(Staff), 경영스타일(Style), 스킬(Skill) 그리고 공유가치(Shared Value)를 기본요소로 하는 조직시스템의 설명 틀이다. 반면에, Galbraith 모형은 전략, 구조, 과정, 인간 그리고 보상으로 구성되어 있다.

3-3-2 조직감사의 실시

조직감사의 실시는 전략을 효율적으로 수행하기 위하여 회사의 어떤 구성요소가 바뀌어야 하는가를 식별하는 데 의의가 있다.

[갈브레스(J. Galbraith)의 star 모형에 의한 감사양식 예]

요 소	정 의	평균 (1–10)	초일류기업의 예	초일류기업과 우리 회사의 차이
전 략	장기적으로 유지 가능한 경쟁우위를 달성하는 방법은 적절한가?			
구 조	전략을 수행하기 위한 적절한 조직구조를 가지고 있는가?			
과 정	작업과정을 개선하고 의사소통하는 체계는 적절한가?			
인 간	요구되는 지식, 스킬, 능력은 얼마나 가지고 있는가?			
보 상	공정한 보상 및 측정체계를 얼마나 가지고 있는가?			

3-3-3 조직구성체계의 개선

HR은 전략을 실행하기 위하여 변화될 부분에 대한 식별 및 개선을 하여야 한다. 예를 들면, 전략을 효율적으로 실행하기 위해서 팀제조직이 필요하다면 HR은 팀제조직의 특성, 운영방식 그리고 팀제조직으로의 전환방법 등의 이슈들이 최고 경영층의 관심을 끌도록 할 책임이 있다.

3-3-4 HR기능의 우선순위 설정

변화활동의 상대적 우선순위와 순서에 의해 HR기능을 우선순위화하여 체계적으로 실행한다.

Ⅳ. 관리전문가(Administrative expert)

4-1 의 의

인사기능 자체 및 전체 조직의 효율성 증대를 위한 역할로서 충원, 보상, 평가 등 다양한 HR기능의 효율화는 물론, 조직구조나 과정을 효율성 있게 개선하는 기능이 해당된다.

HR부문의 효율성증진은 HR부문에 대한 신뢰성을 증대시키며 HR이 전략적 파트너 역할을 수행하기 쉽게 한다.

4-2 구 성

1. 기존 프로세스 개선: 비효과적인 프로세스를 식별하고 대안적 프로세스의 고안
2. 새로운 가치창출 프로세스의 설계: 어떤 성과물(deliverable)을 전달할 것인가에 근거하여 프로세스를 창출

Ⅴ. 변화 촉진자(Change agent)

5-1 의 의

높은 성과를 나타내는 조직은 변화에 신속히 적응하고 학습한다. HR은 높은 성과를 지향하는 팀의 구축, 혁신 주기의 단축 그리고 신기술의 수용 등을 촉진할 필요가 있다. 또한 추상적인 비전을 구

체적 행동으로 전화시키기 위하여 조직구성원이 어떤 일을 중지하거나 계속 할지를 결정하는 데 도움을 준다.

5-2 변화의 유형

① 혁신활동을 통한 변화(initiative change): 새로운 조직구조를 도입하거나 고객서비스 및 품질개선 그리고 비용절감을 위한 혁신활동

② 프로세스 변화(process change): 업무단순화와 부가가치 평가 그리고 리엔지니어링 기법들을 적용하여 프로세스 개선

③ 문화적 변화(cultural change): 사업수행방식의 근본적 변화나 재개념화하여 조직구성원과 고객 모두에게 새로운 기업정체성 제공

5-3 변화실시단계

① 변화의 개념을 정의하고 명확히 한다.

② 변화가 사업성공에 왜 중요한지를 분명히 한다: 조직문화가 외부의 고객들이 원하고 있는 바람직한 조직정체성과 한 방향이 될 수 있도록 시도한다.

③ 변화모형을 개발한다: 현재의 상태와 바람직한 상태 그리고 현재의 상태와 바람직한 상태의 차이(gap)를 평가하는 과정을 명확히 한다.

④ 변화를 유발하는 대안을 창출한다: 새로운 공유가치를 창출하기 위한 과정을 설계한다.

Ⅵ. 종업원 챔피언(Employee champion)

6-1 의 의

조직구성원의 헌신(commitment)과 성장을 증대시키기 위한 종업원 대변자 역할을 의미한다.

6-2 HR의 역할

① 종업원 관점을 대표한다.
② 종업원의 권리를 보호한다.
③ 종업원의 요구를 경영층에 전달한다.
④ 종업원 개발계획을 확립한다.
⑤ 인적자원의 중요성을 line 경영자에게 교육한다.

연습문제

1. HR역할(전략적 파트너, 변화 촉진자, 종업원 챔피언 그리고 관리전문가)의 상대적 비중이 앞으로 어떻게 변할지를 논의하시오.

2. HR역할을 수행하기 위한 HR담당자의 필요역량을 생각해 보시오.

3. 조직의 미래 경쟁력을 강화하기 위한 조직 핵심역량을 구축하기 위한 HR의 노력은 다음 중 어느 역할과 가장 가까운가?

   ① 관리전문가
   ② 종업원 챔피언
   ③ 전략적 파트너
   ④ HR 전문기능
   ⑤ 조정자

4. 다음 HR 역할 중 종업원 개발과 조직에 대한 헌신(commitment)을 강화하기 위한 활동은?

   ① 관리전문가
   ② 종업원 챔피언
   ③ 전략적 파트너
   ④ 변화 촉진자
   ⑤ 조정자

참고문헌

김용구 · 권상술 · 김영조 · 박상언 · 이영면 옮김(2003), 「HR Champion: 21세기 인사 전문가의 새로운 역할과 과제」, 미래경영개발원(D. Ulrich(1998), *Human Resource Champions: The New Agenda for Adding Value and Developing Results*, Harvard Business School Press).

Carrig, K.(1997), Reshaping human resources for the next century; Lessons from a high-flying airline, *Human Resource Management*, 36(2), 277-289.

Schuler, R. S.(Summer 1972), Linking the People with the Strategic needs of the business, *Organizational Dynamics*, 18-22.

Ulrich, D.(1998), A new mandate for human resources, *Harvard Business Review*, Jan/Feb., 124-134.

제 5 장

HR전략

Ⅰ. HR전략의 정의
Ⅱ. 전략의 의의
Ⅲ. 전략의 특성
Ⅳ. 전략의 구성요소
Ⅴ. 전략적 HR관리와의 적합과정
Ⅵ. HR전략이 필요한 이유들
Ⅶ. 사업전략 실행을 위한 HR전략
Ⅷ. 능동적 HR: 전략창출에 기여

●학습목표●

HR전략이 사업목표를 HR 우선순위로 전환시키는 과정을 이해한다.

Ⅰ. HR전략의 정의

HR전략이란 HR관리와 조직의 전략적 환경과 적합(align)시키는 과정이다.

1-1 전략적 적합

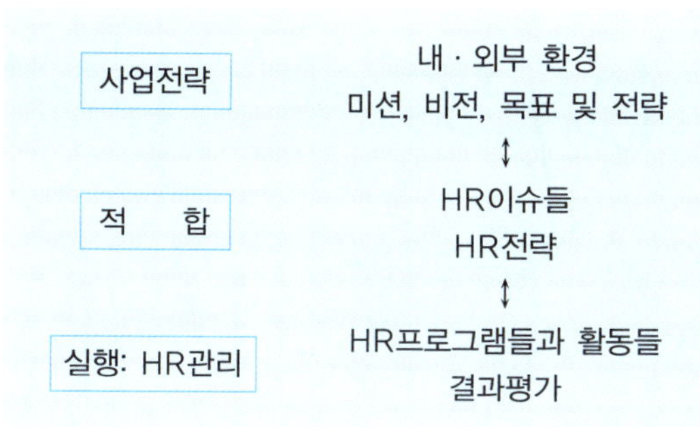

1-2 비전과 전략 사이의 연계

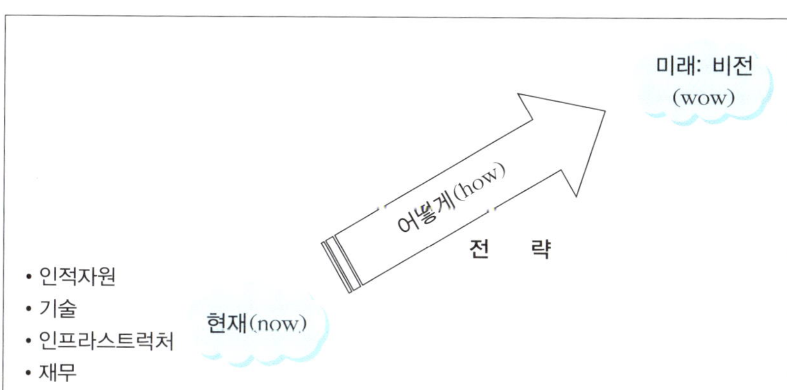

Ⅱ. 전략의 의의

① 전략은 우리의 운명에 대한 통제력을 획득하고 유지하는 요소이다.

② 조직의 모든 구성원을 한 방향으로 노력과 힘을 집결시키는 역할을 한다.

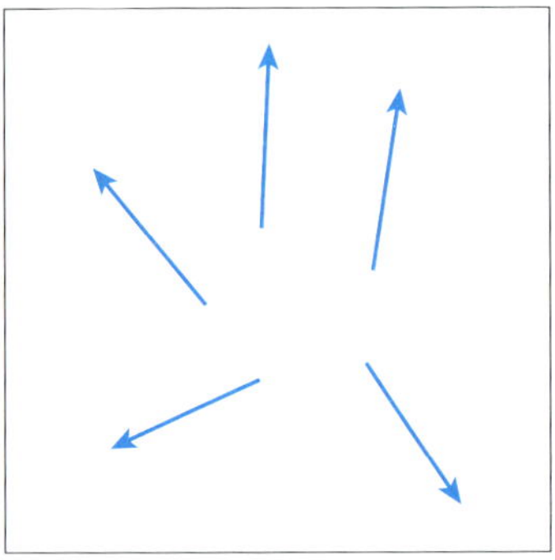

[통합되지 않은 전략]

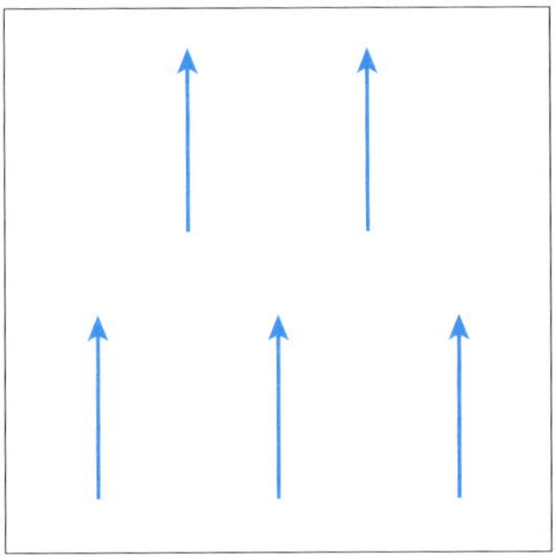

[잘 통합된 전략]

③ 전략은 미래의 바람직한 상태(즉, 비전)를 달성하기 위한 과정이다.

④ 이러한 관점을 바탕으로 전략적 인적자원관리(strategic human resource management)를 정의하면 '조직목표를 달성하기 위하여 인적자원을 효율적으로 관리하기 위한 계획적 · 통합적 과정'이라고 할 수 있다.

Ⅲ. 전략의 특성

① 전략의 '과정'이다: 전략은 우리가 추구하는 운명(즉, 기업의 경우에는 비전, 개인의 경우에는 삶의 목표 등)에 도달하는 수단이다.
② 전략은 '경각심'이다: 전략은 사회를 바라보는 마음의 상태이자 방식이다.
③ 전략은 '조절된 과감성'이다: 높은 이상을 달성하기 위해서는 도전이 필요하다.
④ 전략은 '상호작용'이다: 높은 이상을 달성하기 위해서는 다양한 요소들이 일관성 있게 실행될 필요가 있다.
⑤ 전략은 '평범함에 대한 항생제'이다.

Ⅳ. 전략의 구성요소

① 장기성(long-term): 단기적 가치보다는 장기적 가치증진에 관심을 둔다.
② 포괄성(comprehensiveness): 개별조직단위보다는 전체조직 또는 독립된 조직단위를 대상으로 한다.
③ 계획성(planned): 환경의 변화에 따라 필요시 대응하는 것이 아니라 사전에 계획되고 문서화되어 있다.
④ 통합성(integrated): 다양한 활동을 통합하는 기반을 제공한다.
⑤ 고부가가치(high value-added): 사업 성공에 중요한 이슈들에 초점을 맞추고 있다.

Ⅴ. 전략적 HR관리와의 적합과정

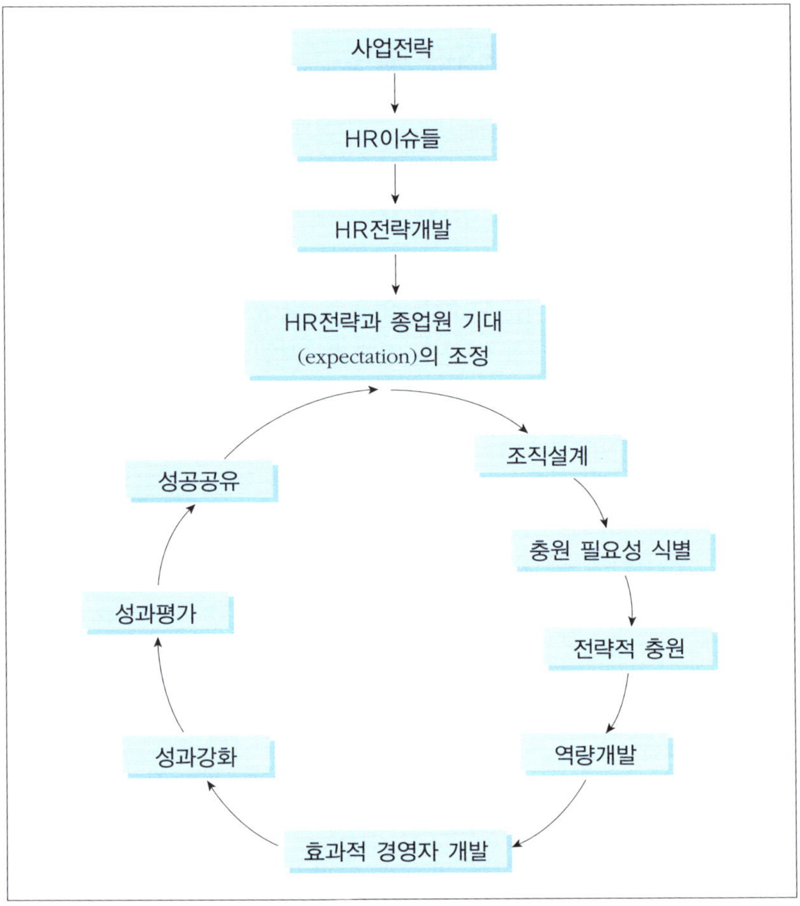

출처: Walker, J. W.(1992), *Human Resource Strategy*, McGraw-Hill, 3.

사업전략에 맞추어 HR전략을 수립하고 실행하는 과정은 실제로 경영과정(management process)이라고 볼 수 있다.

① 사업수행에 중요한 HR이슈들을 식별할 필요가 있다. HR이슈들은 사업전략, 기술, 인수·합병, 소비자의 기대 등의 변화로부터 유발한다.
② 전략이 바뀌면 조직도 이에 따라 변해야 한다. 사업전략의 변화에 따른 조직의 재설계는 조직문화, 공식적 조직구조(예 역할, 책임 및 상호관계 등), 그리고 작업수행과정(예 의사소통, 의사결정 및 보고관계, 네트워크 관계, 팀워크 등)을 포함한다.
③ 역량개발은 미래의 조직 필요성에 초점을 맞추어 수행되어야 한다.
④ 성과관리(performance management)는 성과평가(performance appraisal), 동기유발(motivation), 필요자원의 지원 그리고 보상(compensation)이 연계된 복잡한 과정이다.

이들 과정은 추후에 자세히 논의될 예정이다.

Ⅵ. HR전략이 필요한 이유들

① 사업목표 달성에 있어서 기회와 장애물의 식별
② 이슈들에 대한 새로운 사고 촉진: 참여자를 교육하고 광범위한 관점을 제공
③ 특정 프로그램과 활동에 대한 자원배분과정 수립
④ 행동에 대한 '긴박감'과 헌신을 촉진
⑤ 장기적 관점 유지
⑥ 사업을 관리하고 재능(talent)을 관리하기 위한 전략적 초점 제공

Ⅶ. 사업전략 실행을 위한 HR전략

HR기능은 사업전략실행에 필요한 적절한 인력의 제공, 사업전략과 부합된 조직문화의 창출, 그리고 사업전략에 필요한 변화관리 등의 측면에서 사업전략의 실행을 지원할 수 있다.

① 적절한 인력의 공급:

- 사업전략을 실행하기 위하여 어떤 역량을 지닌 인력이 몇 명 필요한가?
- 어디서, 그리고 어떻게 충원할 것인가?
- 기존 인력에 어떤 훈련을 실시할 것인가? 등

② 전략에 부합된 조직문화의 창조

단계 1: 조직단위의 명확화

단계 2: 외부 주요 추세 식별 및 분석

단계 3: 경쟁우위 원천의 식별 및 우선순위화

단계 4: 바람직한 조직문화와 필요한 기술적 지식 정의

단계 5: 조직문화의 부정적 측면 식별

단계 6: 바람직한 문화의 창출을 위한 인적자원시스템의 설계

단계 7: 인전자원시스템 설계를 위한 실천계획수립

단계 8: 효율성 평가 기준 및 수단

③ 변화관리: 조직개발과 변화관리 활동 등은 사업전략 또는 전술을 효과적으로 실행하는 데 도움을 줄 수 있다.

Ⅷ. 능동적 HR: 전략창출에 기여

HR은 다음과 같은 세 가지 방법으로 능동적으로 전략창출에 기여할 수 있다.

8-1 창의성과 혁신을 강조하는 조직문화의 창출

HR은 기업의 혁신능력을 강화시킴으로써, 경쟁자에 앞서 새로운 제품이나 기술을 시장에 도입할 수 있어 단기간 동안 독점적 지위에 의한 이득을 볼 수 있다. 이러한 혁신을 위해서는 첫째, 혁신이 회사의 중요한 활동이라는 것이 주요한 의사결정자들 사이에 합의가 되어야 하며, 둘째, 창의성 발휘에 대한 장애물이 제거되어야 한다. 이러한 장애물로는 과도하게 관료적인 조직구조, 너무 많은 결제단계 그리고 부하의 적극성에 대해 위협을 느끼는 상급자 등이 있다.

이러한 시스템적 장애물들이 제거된 후 HR부서는 '혁신풍토'를 강화하기 위한 다양한 활동을 설계할 수 있다. 이러한 활동 등은 다음과 같다.

① 경영층이 지속적으로 혁신의 중요성에 대하여 관심을 갖게 하고, 조직구성원들에게 설파
② 혁신의 역할모델이 다양한 방법으로 조직구성원들에게 홍보
③ 혁신적 아이디어가 중간층을 거치지 않고, 직접 주요 경영자에게 전달
④ 기존 팀에서 자연스럽게 혁신에 관한 주제가 논의될 수 있도록 함.

⑤ 사업단위나 부서의 경계를 넘어 자유로운 의사소통을 촉진
⑥ 팀 간 또는 팀 내 의사소통 촉진을 위한 사무실 배치
⑦ 충원이나 평가 같은 전통적 인적자원 기능에서도 '창의성'이나 '혁신'을 중요한 기준으로 채택

8-2 능동적 인수 · 합병 과정에의 참여

피인수 · 합병 대상자를 식별하고 선정하는 과정에서 HR은 조직문화와 경영능력에 대한 평가를 실시하여야 한다. 인수 · 합병이 재무나 기술적 문제가 아니라 사람 또는 문화적 요소 때문에 번번이 실패하므로 인적자원에 대한 평가는 필수적이다. 두 조직에 대한 통합이 얼마나 잘 이루어지느냐에 따라 인수 · 합병의 가치가 결정되므로, HR부서는 피인수 · 합병 기업에 만연된 냉소주의의 극복, 리더십의 합법성 증진, 서로 다른 조직문화의 인적자원시스템의 융화 등을 통하여 가장 적극적으로 기여할 수 있다.

8-3 미래환경에 대응하는 조직역량강화

미래 시장 환경변화에 대응할 수 있는 조직 내부역량을 강화하는 것이 HR의 가장 중요한 임무이다. 만약 변화가 피할 수 없는 현상이라면, 조직은 미래의 변화에 대응할 수 있는 유연한 조직역량을 갖추고 있어야 한다.

연습문제

1. 많은 기업들은 제품수명주기의 단축, 동시적 엔지니어링(simultaneous engineering), IT 등의 변화에 당면하고 있다. 이런 이슈들에 대응하기 위한 HR이슈들로는 무엇이 있는가?

2. HR이 조직 핵심역량 창출에 기여할 수 있는 방법을 논의하시오.

3. 전략의 특성을 나타내는 용어로 적절하지 않은 것은?

   ① 과정
   ② 독특함
   ③ 경각심
   ④ 조절된 과감성
   ⑤ 정답 없음

4. 능동적 HR전략으로 볼 수 없는 것은?

   ① 혁신을 강조하는 소식 풍토 창출
   ② 창의력과 잠재력 있는 인재채용
   ③ 사업전략의 성실한 수행
   ④ 능동적으로 인수 · 합병에 참여
   ⑤ 정답 없음

참고문헌

Brockbank, W.(1999), If HR were strategically proactive: Present, future directions in HR's Contribution to Competitive Advantage, *Human resource Management*, 38, 337-352.

Gratton, L., Hope-Hailey, V., Stiles, P. & Truss, C.(1999), Linking Individual Performance to Business Strategy: The People Process Model, In Schuler, R. S. & Jackson, S. E.(eds.), *Strategic Resource Management*, Blackwell, Oxford, UK., 142-158.

Noe, R. A., Hollenbeck, J. R., Gerhart, B., and Wright, P. M.(2003), *Human Resource Management: Gaining A Competitive Advantage*, McGraw-Hill / Irwin.

Tyson, S.(1997), Human Resource Strategy: A Process for Managing the Contribution of HRM to Organizational Performance, *International Journal of Human Resource Management*, 8(3), 277-290.

Walker, J.(1999), *Human Resource Strategy*, Mcgraw-Hill.

제 6 장

작업분석 및 설계

●학습목표●

사업전략이 작업프로세스에 어떻게 영향을 미치고 작업프로세스와 작업프로세스 내의 개별 직무를 분석하는 방식을 이해하고 직무설계에 대한 개념을 파악한다.

제 5 장에서 전략수립(strategy formation)과 전략실행(strategy implementation)에 대해서 논의하였다. 전략수립은 조직이 시장에서 어떻게 경쟁할 것인가를 결정하는 과정이다. 전략실행은 조직구성원들이 전략적 계획을 어떻게 수행할 것인가를 다루는 과정이다. 전략실행은 인적자원기능과 밀접하게 연관이 되어 있다.

사업전략에서 규정한 시장에서의 경쟁방식은 조직구조와 개인 업무의 설계에 상당한 영향을 미친다. 예를 들어, 회사가 저비용 전략을 통하여 경쟁하기를 원한다면 능률(efficiency)을 극대화할 필요가 있다. 조직은 임금과 숙련도가 낮은 종업원이 반복적으로 수행할 수 있도록 직무를 세분화하고 단순하게 만듦으로써 능률을 극대화할 수 있다. 반면에, 회사가 혁신을 통하여 경쟁하기를 원한다면 융통성을 극대화할 필요가 있다. 융통성을 높이기 위해서는 다양한 스킬을 가진 팀원들이 업무를 협력하여 수행할 수 있도록 업무를 크게 분류할 필요가 있다. 이렇게 개인이 수행하는 직무는 조직의 전략과 구조에 의해서 영향을 받는다. 그러나 전통적 직무분석은 조직의 전략과 구조를 무시한 채 직무라는 소규모 분석단위에 집중함으로써 한계를 드러내고 있다.

따라서 본 장에서는 작업흐름분석을 먼저 고찰한 후 직무분석을 다루고자 한다.

[용어정리]

저비용 전략(low cost strategy): 일반 전략의 하나로 기업이나 사업부가 제품을 효율적으로 설계 · 생산하여 낮은 가격으로 시장에서 경쟁하는 것을 의미한다.

차별화 전략(differentiation strategy): 소비자에게 제품의 질, 판매 후 양질의 서비스 등을 통하여 높은 가치를 제공함으로써 시장에서 경쟁하는 것이다.

Ⅰ. 작업흐름분석의 의의

과거에 직무를 조직상황과는 독립적으로 분석하거나 설계하여 왔다. 그러나 먼저 전체 작업흐름을 이해한 뒤에야 우리는 다양한 과업들을 한 개인이 수행할 수 있는 특정 직무로 어떻게 묶을 것인가에 대한 의사결정을 내릴 수 있다.

프로세스(process)는 하나 또는 둘 이상의 변환과정을 통하여 투입(input)보다 가치가 큰 산출(output)을 생산하는 서로 연관된 작업활동들의 집합을 의미한다.

작업흐름분석(work flow analysis)이란 제품이나 서비스를 창출하는 데 필요한 다양한 과업을 특정 직무나 개인에게 할당하기 전에 이들 과업의 연계성을 분석하는 프로세스이다.

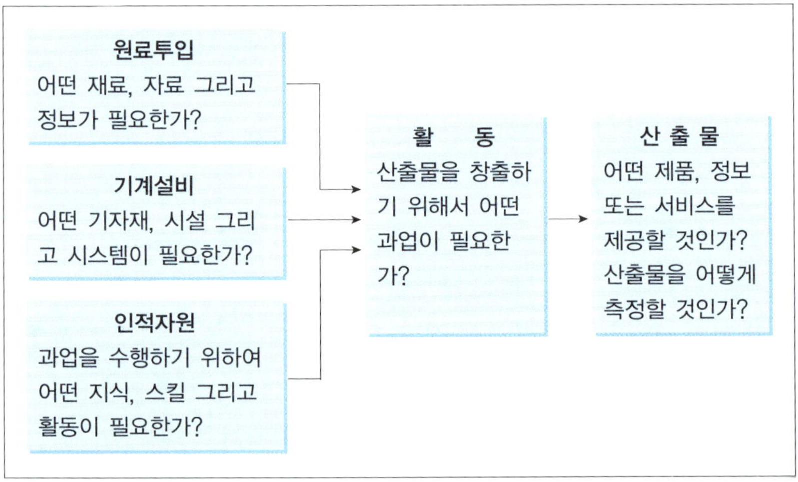

출처: Noe, R. A., Hollenbeck, J. R., Gerhart, B., and Wright, P. M.(2003), *Human Resource Management: Gaining A Competitive Advantage*, McGraw-Hill/Irwin, 138.

경영자들은 고품질의 제품을 생산하기 위해서 필요한 모든 과업과 이들 과업을 수행하는 데 필요한 스킬을 이해하기 위해서는 작업흐름 전반을 파악할 필요가 있다.

[프로세스의 구성요소]

- 변환(transformation)
- 피드백 통제
- 반복성

[변환의 유형]

- 물리적: 상태의 변환(예 제품생산)
- 지역적: 한 지역에서 다른 지역으로 이동(예 배송)
- 거래적: 가치가 내재된 교환(예 은행거래)
- 정보적: 자료 축약이나 수정(예 재무보고서)

[피드백 통제]

산출의 특정 특질을 유지하기 위하여 변환활동이 수정되거나 교정되는 규제적 수단

[반 복 성]

동일한 방식으로 여러 번 수행(예 화학공정, 자동차 정비)

Ⅱ. 업무기능간 프로세스

재무, 인사, 그리고 엔지니어링 등과 같은 기능(function)들은 제품 및 서비스 생산에 기여하는 목적을 가지고 있지만 서로 통합되지 않으면 '보이지 않는 벽'을 생성하여 자원낭비, 최종 제품이나 서비스에 대한 불만족, 그리고 이해관계자들(예 종업원, 고객, 경영자 등) 사이의 갈등을 초래할 수 있다. 이러한 현상은 생산성을 저하시키며 '숨겨진 공장'이라고도 불리운다.

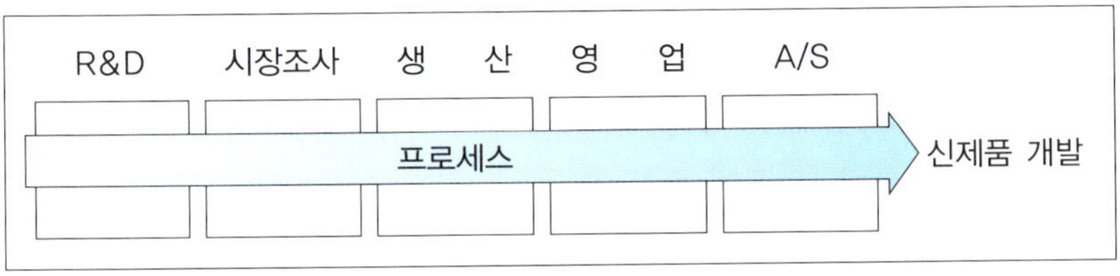

- 숨겨진 공장(hidden plant): 조직내부의 복잡한 과정이 운영효율성을 저해하는 현상(예 회계, 인사, 임금지불, 배송 등과 같은 전문화된 기능은 조직내부의 필요성에 의해 설립되었지만 자체의 복잡한 과정과 관료적 특성에 의해 오히려 생산성을 저해할 수 있다.)

'숨겨진 공장'의 한 원인으로, 업무 세분화(segmentation)를 들 수 있다. 이런 '세분화'는 준최적화(sub-optimization)와 협력미비를 결과할 수 있다.

[용어정리]

업무 세분화(segmentation): 서로 상호작용이 적은 부서나 기능을 창출하여 업무를 구분(compartmentalizing)하는 것

준최적화(sub-optimization): 자신의 기능 또는 부서 내에서는 최적으로 자원을 활용하지만 조직 전체로 볼 때는 해로운 경영의 사결정이나 행동

Ⅲ. 프로세스 설계

3-1 분 석 틀

- 프로세스의 식별
- → 현행 프로세스 분석
- → 프로세스의 비전개발
- → 새로운 프로세스의 설계
- → 통제수단 설계
- → 실행 및 변화관리

3-2 혁신대상이 되는 프로세스 식별

[기업의 중요 비즈니스 프로세스의 예]

IBM	제 록 스	브리티시 텔레콤
시장정보 획득	고객확보	직접 비즈니스
시장선정	재고관리와 물류	기획 업무 비즈니스
고객 요구사항 파악	제품디자인과 엔지니어링	개발 프로세스
하드웨어의 개발	제품의 유지보수	프로세스 운용 관리
소프트웨어의 개발	기술관리	개인인력 지원제공
서비스 개발	생산관리와 운영관리	시장용 제품과 서비스
생 신	시장관리	고객서비스 제공
고객요구 충족	공급업체 관리	관리용 제품과 서비스
대고객관계	정보관리	컨설팅 서비스 제공
서 비 스	경영관리	네트워크 계획

고객의 피드백 마 케 팅 해결책의 통합 재무분석 통합기획 회 계 인적자원 IT 하부구조	인적자원관리 리스자산과 자본관리 법 무 재무관리	네트워크 운용 지원서비스의 제공 정보자원 관리 금융관리 기술 R&D 제공

3-3 현행 프로세스의 분석단계

① 현행 프로세스의 흐름을 기술한다.

② 프로세스의 문제점 혹은 결점을 판별한다.

③ 현행 IT와 조직을 평가한다.

④ 활동기준 회계(activity based accounting), 가치사슬분석(value chain analysis) 또는 산업공학적 방법 등을 이용하여 기존자료를 분석한다.

[용어정리]

활동기준 회계(activity based accounting): 활동, 자원 그리고 원가대상의 원가와 성과를 측정하는 하나의 방법론으로서, 소비된 자원들은 활동별로 집계되고 각 활동별 원가는 그 활동을 사용한 원가대상들로 할당됨. 이는 원가발생요인과 활동과의 인과관계를 규명하는 데 도움을 준다.

가치사슬분석(value chain analysis): 고객에게 가치를 제공함에 있어서 부가가치 창출에 직·간접적으로 관련된 일련의 활동, 기능, 그리고 프로세스를 연계하는 분석틀. 이는 한 기업의 활동을 전략적으로 연관성이 있는 몇 개의 활동들로 나누어 원가가 발생하는 원천과 자사의 제품을 경쟁사의 제품과 차별화시키는 원천을 밝혀내기 위해 도입된다.

3-4 프로세스 비전의 개발

[전략, 비전, 목표, 그리고 특성과의 연계성]

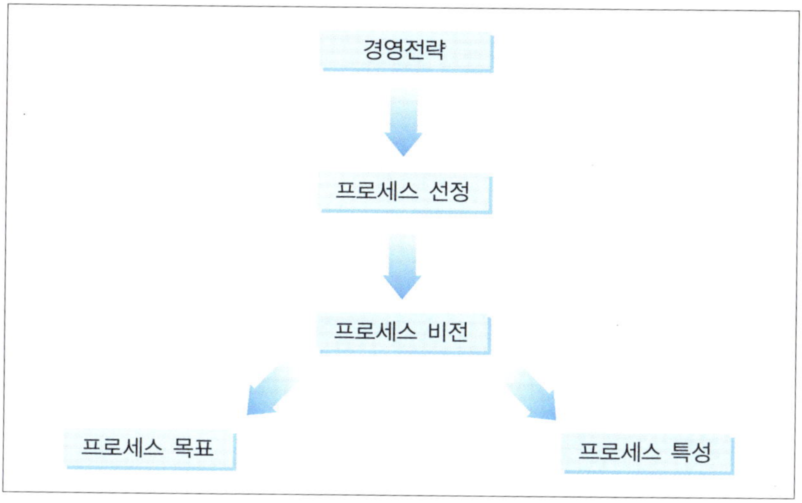

출처: Davenport, T. H.(1992), *Process Innovation: Reengineering Work through IT*, Harvard Business School Press.

① 프로세스 비전은 전략과 행동 사이에 필요한 연계를 제공하며 모든 참여자에게 프로세스가 나아갈 방향을 제시한다.

② 전략과 비전이 없는 프로세스의 변화는 시간과 비용의 점진적인 감축은 가능하겠지만 업무개선의 단계를 넘어서지는 못한다.

③ 프로세스 비전은 프로세스 자체를 새로운 시각으로 보게 한다. 프로세스를 변화시키는 데 가장 큰 장애는 현재에 집착하는 사고방식이다. 밀폐된 기능상자 속에 들어 있는 사람들은 상자기 열리거나 사라질 때 세상이 어떻게 달라지는지를 알아야 한다.

④ 경영자는 내부 경영관점보다는 외부 고객의 관점에 따라 프로세스를 설계하여야 한다. 고객의 욕구를 이해할 때 모든 내부의 프로세스들과 외부고객과의 관계가 강화된다.

3-5 새로운 프로세스의 설계

① 프로세스 경계(process boundaries) 설정, 즉 다른 프로세스와의 관계, 상위 또는 하위 프로세스의 식별 등을 한다.: 프로세스의 시작점과 끝나는 점을 정함으로써 프로세스의 경계와 하위(또는 상위) 프로세스를 식별할 수 있다.

② 흐름도표(flow chart)를 작성한다.

[흐름도표의 예]

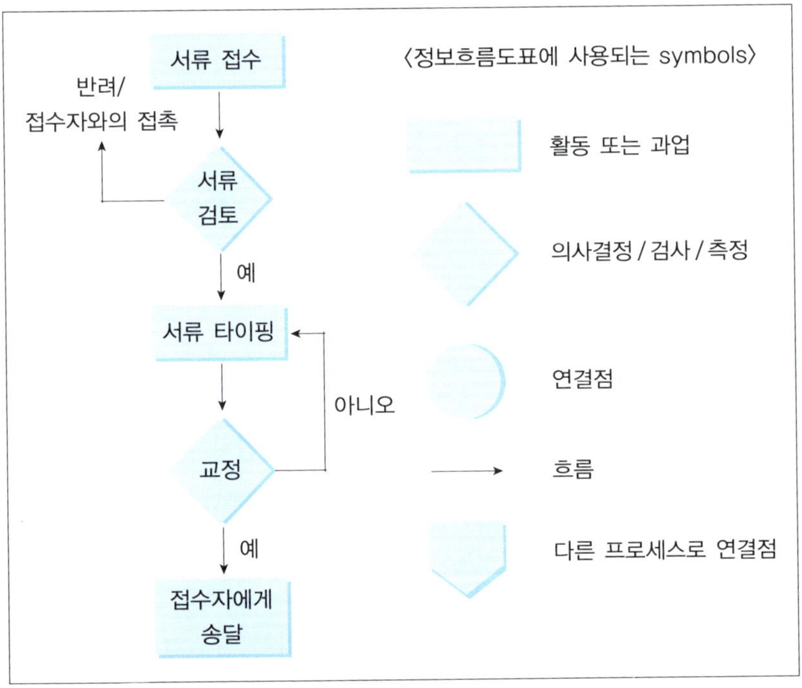

출처: Melan, E. H.(1993), *Process Management: Methods for Improving Products and Service*, McGraw-Hill, 49.

③ 프로세스 오너십(process ownership)을 설정한다.

프로세스 오너(process owner)는 프로세스 수행에 책임을 지고 있으며 프로세스 변화에 대한 의사결정 권한을 가지고 있는 개인이나 작업팀을 의미한다.

[프로세스 오너의 역할]

- 프로세스의 문제점을 교정하고 개선할 책임
- 문제해결과 행동을 촉진
- 프로세스 변화 수행 책임
- 프로세스 결과에 대한 책임

3-6 통제수단의 설계

① 통제점 설정: 통제점(control point)은 작업의 질을 규제하는 수단이다. 통제점의 예로는 검사(inspection), 인증, 그리고 불량품 폐기 등을 들 수 있다.

② 측정수단의 개발: 작업흐름에 대한 통계적 자료 창출

③ 피드백 및 규제

이상의 과정을 하나의 흐름노표로서 사세히 실명하면 다음과 같다.

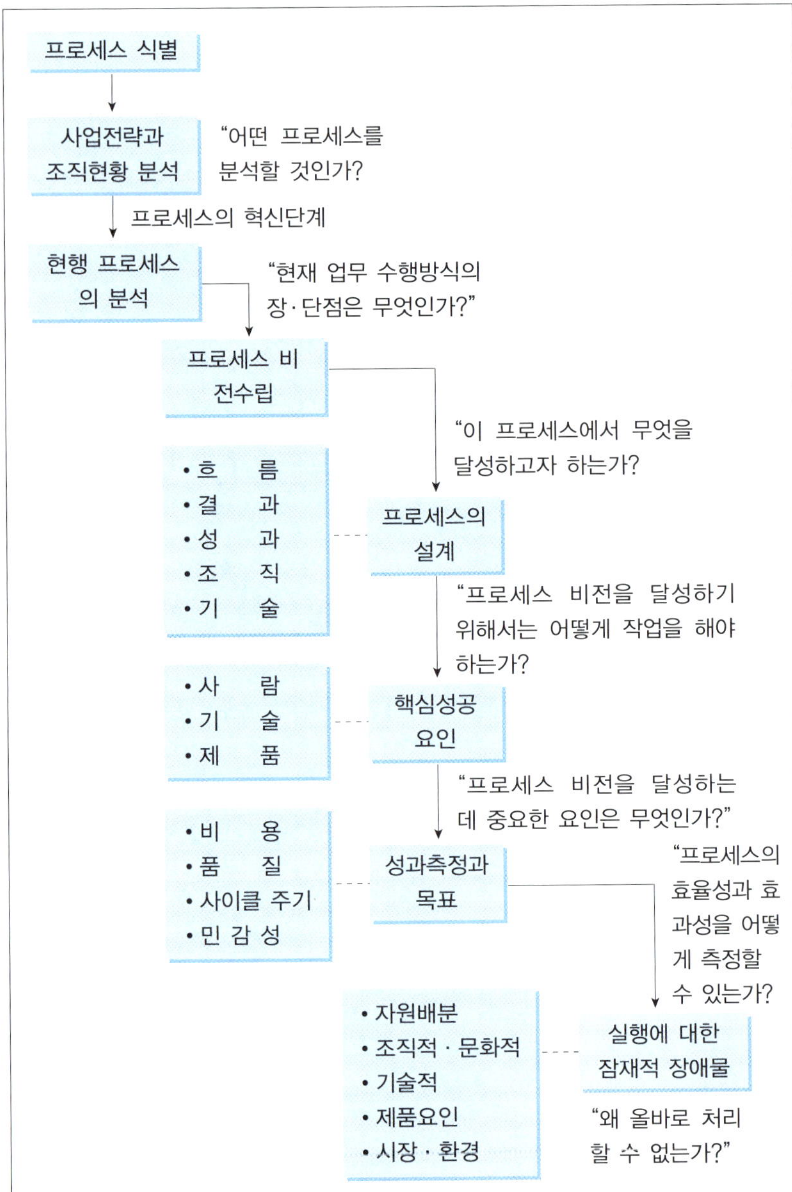

출처: Davenport, T. H.(1992), *Process Innovation: Reengineering Work through IT*, Harvard Business School Press.

Ⅳ. 전통적 직무분석에 대한 비판

① 전통적 직무분석은 조직의 전략적 내지는 미래 지향적 필요성을 충족시키기에는 너무 근시안적이다. 조직의 전략과 방향에 대한 의사결정은 궁극적으로 작업내용과 작업요건에 영향을 미친다.

② 직무분석은 작업을 점점 세분화하는 환원주의(reductionism)적 관점을 취하고 있다. 직무정보를 종합하여 특정 조직이나 HR 시스템에 대한 정보기반을 제공하는 것이 더 중요하다.

③ 전통적 직무분석은 특정 조직의 목표를 명확히 규정하지 못하고 있다. 최근에는 HR시스템이 조직의 비전과 전략과의 적합(fit)이 더욱 강조되고 있다.

④ 조직에 있어서 직무는 항상 연관되고 있으며 조직환경의 변화에 따라 필요한 역량과 중요도가 변한다. 이에 비해, 전통적 직무분석방법은 너무 정태적이다.

⑤ 전통적 직무분석은 기술적(descriptive)이어서 새로운 직무나 신규 프로젝트 등에서 발생하는 직무들을 효과적으로 모델링할 수 없다.

[용어정리]

환원주의(reductionism): 복잡한 자료, 현상을 단순하게 세분하여 이해하려는 경향으로 생명현상을 물리학적 · 화학적으로 다 설명할 수 있다고 함.

[직무의 동태적 변화]

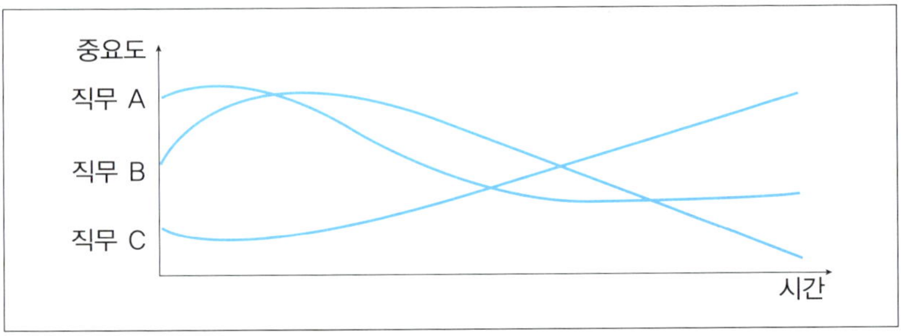

시간이 흐름에 따라 직무의 내용과 중요도 모두가 변할 수 있다.

Ⅴ. 직무분석 정의 및 과정

5-1 직무분석(job analysis)의 정의와 의의

① 직무분석은 직무내용에 대한 정보를 수집, 분석, 통합, 보고하기 위하여 직무를 연구하는 일련의 과정이다.

② 직무분석은 하나의 과정이다. 목적(선발 혹은 보상 등)을 가지고 정보를 수집하여야 한다.

③ 직무분석은 그 자체에 의의가 있는 것이 아니라 직무분석의 결과들이 실제 HR을 계획하고 개선하는 데 활용되어야 한다. 즉, 직무분석결과의 활용이 중요하다.

④ 직무분석은 HR부문뿐만 아니라, 라인관리자에게도 중요하다. 직무분석에 의해 산출된 정보는 HR부문이 선발, 성과평가, 보상, 훈련 및 개발, 직무설계 그리고 인적자원계획 등 거의 모든 HR 기능을 계획하고 실행하는 데 유용하게 쓰인다. 라인관리자들은 업무흐름을 파악하기 위해서 자신의 작업집단에 속한 모든 직무

에 대한 자세한 정보를 필요로 한다. 또한 라인관리자들은 현명한 인사결정(예 선발, 승진, 보상 등에 대한 의사결정)을 내리기 위해서도 직무에 관한 정보를 필요로 한다.

5-2 직무분석과정

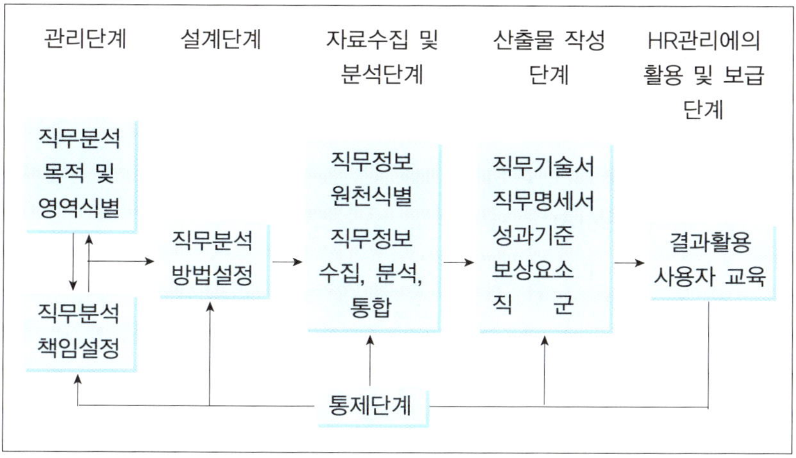

5-2-1 관리단계

① 직무정보를 활용할 목적확인: 해결할 문제점의 식별
② 분석자의 자격요건(지식, 역량 등)과 담당조직의 결정(현존 vs. 신설 vs. 외주)
③ 분석대상 직무 선별
④ 수집되어야 할 정보의 유형과 범위
⑤ 직무수행 책임설계

5-2-2 설계단계

① 설계단계에서는 어떠한 직무분석시스템을 활용하여 누구에게 어

떤 정보를 획득할 것인가를 결정하게 된다. 직무분석에는 크게 과업을 중심으로 한 접근법과 KSAOs를 중심으로 한 접근법으로 구분할 수 있다.

② 과업위주와 KSAOs(지식, 스킬, 능력 및 기타 특성) 위주의 접근법의 예:

- 과업위주의 접근법
  - 과업: 제트엔진 조작통제
    - 하위과업: 제트엔진 rpm(분당회전속도)을 조정한다.
    - 하위과업: rpm이 통제범위에 있는지를 확인한다.
- KSAOs 위주의 접근법
  - 자동차 타이어를 교체할 수 있는 능력
  - 작업지시서를 읽고 이해할 수 있는 능력
  - 응급처치를 할 수 있는 능력
  - 사실을 기억할 수 있는 능력

5-2-3 자료수집단계

자료수집단계에서는 직무정보를 수집하고 분석하는 데 관심을 두고 있다. 직무정보를 수집하는 데는 다양한 방법이 제시되고 있다. 각각의 직무정보 수집방법은 수집된 정보의 질에 있어서 커다란 차이를 보이고 있다.

① 관찰(observation)

- 단순 반복적 생산직, 관리자의 경우(횡단적 행위표본 추출 & 추론)
- 직접관찰: 참여적 관찰 vs. 비참여적 관찰
- 간접관찰: 생산활동에 대한 녹화
- 강점: 광범위한 정보의 수집가능-공식적 및 비공식직 행위, 작업활동, 작업대상과의 상호관계 등

- 단점: 직무담당자가 자신에게 유리한 방향으로 관찰을 왜곡(faking)시킬 가능성 존재

② 면접(interview)

- 개인 및 집단: 일대일, 일대다, 다대일
- 면접자의 역할: 수동적 청취자 vs. 능동적 정보창출자
- 장점:
  - 다양한 이슈에의 접근이 가능 – 직무에 대한 작업자의 지각, 태도, 신념 등
  - 피면접자의 표현능력지원
  - 면접과정의 문제 개선가능
  - 피면접자의 선택가능
  - 부가적 정보의 입수용이 – 질문에 대한 태도나 반응 등
- 단점:
  - 오류가 개입될 가능성이 높다 – 작업자의 특성, 면접자의 편견
  - 많은 시간이 필요 – 작업스케줄을 방해
  - 익명유지가 불가능 – 방어반응가능성 높음

③ 중요사건법(critical incident method)

- 직무 담당자의 효과적 또는 비효과적인 행위를 기록
- 문제점:
  - 행위수집에 장시간이 소요
  - 평균적 종업원의 행위 무시

④ 설문지 및 대조표법(checklist)

- 직위분석설문지(position analysis questionnaire):
  - 직무행위에 초점
  - 행위적 유사성은 직무의 실제적 과업차이를 호도할 수 있음
  - 범용형 질문지이기 때문에 응답할 평가항목이 많음

- 관리자 직위기술설문지(management position description questionnaire):
  - 다양한 활동으로 구성, 개인적 재량의 폭이 큼, 직급, 기능, 지역 등 상황적 요인에 의한 영향이 큼.
  - 모든 기능 및 회사에 적용될 수 있도록 포괄적으로 구성

5-2-4 산출물단계

직무분석의 목적은 인적자원관리에 활용될 수 있는 유용한 정보를 제공하는 것이다. 이러한 정보들은 산출물 형태로 나타나며, 직무기술서, 직무명세서, 성과기준, 보상요소 그리고 직군분류 등이 있다.

① 직무기술서: 작업자가 무엇을, 언제, 어떻게 그리고 어디서 작업을 수행하는지에 대한 직무의 전반적 기술

② 직무명세서: 직무 담당자에게 요구되는 지식, 스킬, 능력 및 기타 특성에 대한 요건

③ 성과기준: 직무성과를 평가하는 척도

④ 보상요소: 보상의사결정에 근거로 사용되는 직무와 개인의 특성

⑤ 직무분류: 직무, 작업자 및 환경특성에 따른 직무의 집단화

5-2-5 인적자원관리에 있어서 직무정보의 활용

직무분석은 초기부터 인적자원관리의 한 부분이었다. 그러나 최근에는 인적자원관리에 있어서 점점 중심적 역할을 담당하게 되었다. 직무분석의 목적은 이미 언급한 바와 같이 다양한 인적자원활동에 필요한 직무관련 정보를 제공하는 것이다. 직무분석과 인적자원 활동과의 연계는 다음 그림에 제시되어 있다.

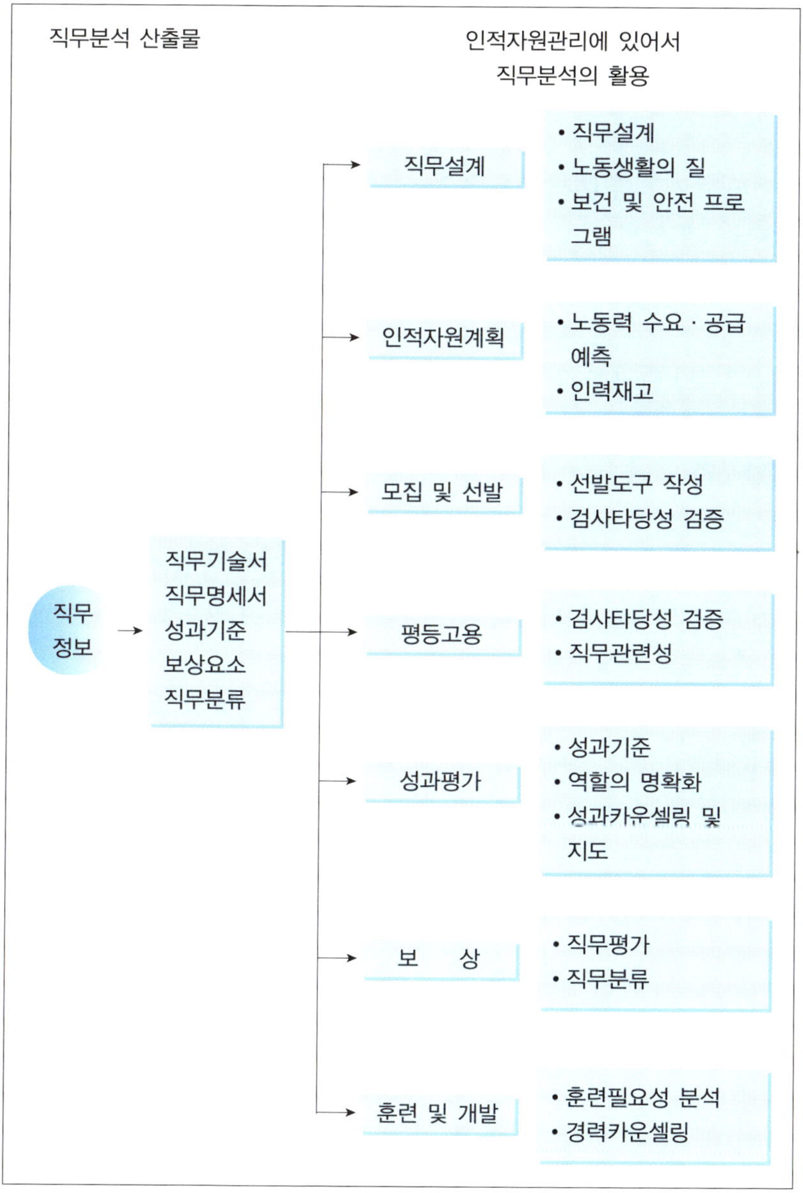
직무분석 산출물
인적자원관리에 있어서
직무분석의 활용
직무
정보
직무기술서
직무명세서
성과기준
보상요소
직무분류
직무설계
• 직무설계
• 노동생활의 질
• 보건 및 안전 프로그램
인적자원계획
• 노동력 수요 · 공급 예측
• 인력재고
모집 및 선발
• 선발도구 작성
• 검사타당성 검증
평등고용
• 검사타당성 검증
• 직무관련성
성과평가
• 성과기준
• 역할의 명확화
• 성과카운셀링 및 지도
보 상
• 직무평가
• 직무분류
훈련 및 개발
• 훈련필요성 분석
• 경력카운셀링

Ⅵ. 직무설계

지금까지 우리는 무슨 일을 어떻게 수행하는가, 그리고 일을 수행하는 데 어떤 스킬이 필요한가를 이해하는 데 초점을 두어 왔다. 이런 방식은 수동적인 접근방식으로 직무는 이미 존재하고 있고 최적의 방식으로 구조화되어 있다고 가정하는 정태적 관점을 나타낸다. 그러나 때때로 아직 작업단위가 존재하지 않고 처음부터 작업단위를 설계하여야 하는 상황이 발생할 수 있다. 때때로 작업단위의 작업부하(work load)가 증가하거나 감소하여 작업집단의 규모를 재조정할 필요가 있다. 마지막으로, 작업이 효과적인 방식으로 수행되지 않을 때도 있다. 이 경우 경영자들은 작업의 능률을 증진시키기 위하여 작업방식을 변경하고자 한다. 이런 모든 경우들이 기존 직무를 재설계할 필요성을 발생시킨다.

직무설계란 주어진 직무를 수행하는 데 필요한 과업(task)들과 과업수행방식을 정의하는 과정으로 다음과 같은 4접근법으로 분류할 수 있다.

	대표적 이론
기계적 접근법	과학적 관리법
동기적 접근법	직무특성모형
생물학적 접근법	인체공학(ergonomics)
지각운동 접근법	

6-1 직무설계 접근법들

① 기계적 접근법

- 초점: 능률 극대화 '최적의 작업방식'
- 방법: 단순화, 전문화, 표준화
- 결과: 저숙련, 저임금

② 동기적 접근법

- 초점: 인간과 기술의 상호작용체계
- 방법: 직무충실화, 직무의 내재적 특성강화
- 결과: 직무 복잡성 증가

③ 생물학적 접근법

- 초점: 인간의 신체적 특성과 물리적 작업환경 사이의 상호작용
- 방법: 인간의 신체가 작용하는 방식에 따라 물리적 작업환경 구조화
- 결과: 피로 및 통증감소, 건강증진, 능률증진

④ 지각운동 접근법

- 초점: 인간의 정신적 수용능력 한계
- 방법: 작업의 정보처리 필요성 감소
- 결과: 신뢰성, 안정성, 사용자반응의 개선

이상의 접근법들은 각각 장·단점이 있으며 실무에 있어서는 이들 접근법들을 조합하여 활용하고 있다.

6-2 직무설계 접근법들의 결과

접 근 법	긍정적 결과	부정적 결과
동기유발적	• 높은 직무만족 • 높은 동기유발 • 높은 직무몰입 • 높은 직무성과 • 낮은 결근	• 훈련시간 증대 • 낮은 활용수준 • 높은 실수가능성 • 높은 정신적 과부하 및 스트레스 가능성
기 계 적	• 훈련시간 감소 • 높은 활용수준 • 낮은 실수가능성 • 낮은 정신적 과부하 및 스트레스 가능성	• 낮은 직무만족 • 낮은 동기유발 • 높은 결근
생물학적	• 낮은 신체적 노력 • 낮은 신체적 피로 • 적은 건강상 문제 • 낮은 상해 • 적은 결근 • 높은 직무만족	• 시설 및 작업환경 변화에 기인하는 높은 재무적 비용
지각운동	• 낮은 실수가능성 • 낮은 사고가능성 • 낮은 정신적 과부하 및 스트레스 가능성 • 적은 훈련시간 • 높은 활용수준	• 낮은 직무만족 • 낮은 동기유발

출처: Campion, M. A., *et al.*(1987), Job Design: Approaches, outcomes, and trade-off, *Organizational Behavior*, Winter.

연습문제

1. 귀하가 잘 알고 있는 직무(예 귀하 자신의 업무, 경비원, 할인 마트의 계산원 등)를 선택하여 직무분석을 실시하시오.

2. 사업전략이 조직구조와 작업시스템에 어떤 영향을 미치는지를 논의하시오.

3. 작업흐름분석에 대한 설명에서 틀린 것은?

① 총체적 품질경영(TQM)에 유용한 기법이다.
② 아웃풋, 과정, 인풋분석으로 크게 나뉘어진다.
③ 다양한 과업들을 한 개인수행 특정직무로 묶기 이전에 전체 작업흐름을 이해하여야 한다.
④ ①과 ③
⑤ 정답 없음

4. 직무설계접근법들이 잘못 짝지어진 것은?

① 기계적 접근 — 낮은 정신적 부하
② 동기유발적 접근 — 높은 정신적 부하
③ 생물학적 접근 — 낮은 신체적 피로
④ 지각운동적 접근 — 낮은 사고 가능성
⑤ 정답 없음

참고문헌

이태복 옮김, 「벽 없는 조직」, 창현출판사(Ashkenos, R., Ulrich, D., Jick, T., and Kerr, S.(1995), *The Boundaryless Organization*, Jossey-Bass).

Campion, M. A., *et al.*(1987), Job Design: Approaches, Outcomes and Trade-off, *Organizational Behavior*, Winter.

Davenport, T. H.(1992), *Process Innovation*, Harvard Business School Press.

Gael, S.(1988), *Job Analysis Handbook for Business, Industry, and Government,* vol. 1 and 2, New York: Wiley.

Ghorpade, J. V.(1988), *Job Analysis*, N. J. Englewood Cliffs.

Melan, E. H.(1993), *Process Management: Methods for Improving Products and Service*, McGraw-Hill.

Noe, R. A., Hollenbeck J. R., Gerhart, B., Wright, P. M.(2003), *Human Resource Management*, 4th, McGraw-Hill.

Schippman, J. S.(1999), Strategic Job Modeling: Working at the Core of Integrated Human Resources, *Lawrence Erlbaum Associates*, Mahwah, NJ.

제 7 장

인적자원계획

Ⅰ. 인적자원계획의 정의
Ⅱ. 인적자원계획의 의의
Ⅲ. 분 석 틀
Ⅳ. 충원이슈의 식별
Ⅴ. 인적자원계획시 고려사항
Ⅵ. 인적자원계획 과정
Ⅶ. 수요예측기법
Ⅷ. 공급예측기법
Ⅸ. 인력조정 및 실천계획

●학습목표●

회사의 전략적 방향과 인적자원계획을 적합시키는 과정을 이해한 후 인적자원계획의 기본과정과 예측기법들을 학습한다.

Ⅰ. 인적자원계획의 정의

인적자원계획(Human Resource Planning: HRP)은 ① 조직 내·외부 환경의 변동과 사업전략(business strategy)을 분석하여 인적자원에 미치는 영향을 평가하여, ② 사업계획의 달성, 나아가서는 조직의 유효성 증진에 기여할 수 있는 바람직한 인력구조를 달성하기 위한 실천계획(action plan)을 수립하는 과정이다.

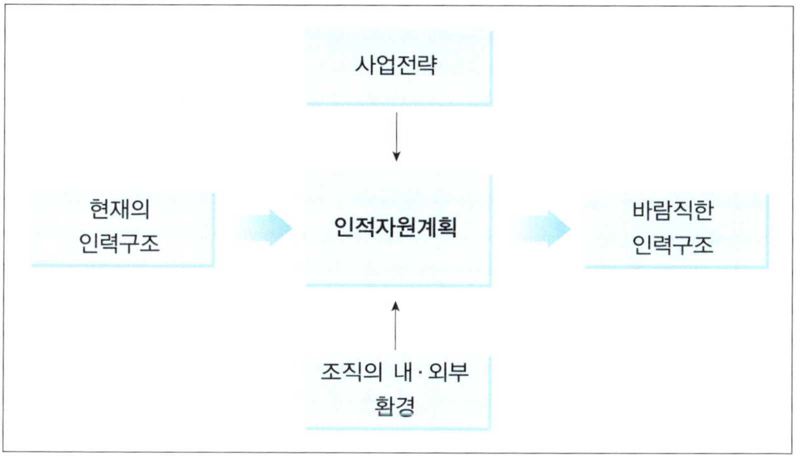

조직이 인적자원을 효율적으로 활용하기 위해서는 다음과 같은 분석절차가 필요하다. 첫째, 현재 인력구조의 전반적 윤곽을 파악하고 있어야 한다. 특히, 조직도 현재 인력구조의 강점과 단점을 파악하고 있어야 한다. 둘째, 조직은 미래에 어떤 인력구조가 필요한지를 예측하여야 한다. 셋째, 현재의 인력구조와 미래에 요구되는 인력구조 사이에 차이가 있다면, 조직은 차이를 줄일 수 있는 방법을 찾아야 한다.

Ⅱ. 인적자원계획의 의의

1. 사업전략과 HR기능 사이의 연결기능
2. HR기능들의 통합
3. 효율적 인적자원계획
4. 적정 인력규모의 유지
5. 라인과 스탭 간의 관점 통일

① 사업전략과 HR기능들 사이의 연결기능: 인적자원계획은 사업전략과 전략적 상호작용을 가능하게 하여 사업전략을 효율적으로 완수하는 방향으로 인적자원 의사결정이 내려질 수 있게 한다.

② HR기능들의 통합: 인적자원계획은 다양한 인적자원활동들이 유기적으로 통합될 수 있는 틀을 제공한다. 인적자원계획이 없다면 인적자원 활동들이 서로 개별적으로 수행되어 각자의 목적에만 집중하게 되어 서로 상충되기 쉽다.

③ 효율적 인적자원 통제: 계획이 없다면 효과적 통제는 불가능하다. 조직이 어떠한 인적자원을 보유하고 있으며 어떻게 이를 관리하느냐는 조직의 경쟁우위(competitive advantage) 확보에 크게 영향을 미친다.

④ 적정 인력규모의 유지: 고용의 과잉 또는 과소를 방지하는 것이다. 적절한 인적자원계획을 통하여 적재적소에 올바른 수만큼의 종업원을 배치할 수 있다.

⑤ 라인과 스탭 간의 관점 통일: 인적자원계획은 주로 인적자원 스탭에 의해서 수립되고 관리되지만, 인적자원을 효율적으로 수행

하기 위해서는 조직 내 모든 관리자의 협력을 필요로 한다. 특정 조직단위에 대해서 담당 관리자보다 더 잘 알 수 있는 사람은 없다. 따라서 인적자원 스탭과 관리자 사이의 원활한 의사소통은 인적자원계획의 수립에 있어 반드시 필요하다.

Ⅲ. 분 석 틀

- **충원(staffing)이슈**: 일반적으로 조직은 다양한 직군과 계층을 포함하고 있으므로 하나의 거시적 계획에 의해 분석하기는 힘들다. 따라서 효과적이기 위해서는 조직 전체가 아니라 중요한 충원(staffing) 문제 또는 직무범주(job category)에 초점을 맞추는 것이 필요하다(우선순위화).
- **인력예측**: 인력공급, 인력수요 그리고 예상되는 차이(잉여 또는 부족) 예측
- **충원전략 수립**: 계획기간(planning horizon)에 걸쳐 핵심적 충원이슈들을 다룰 장기적이고 방향지시적인 행동
- **충원계획 수립**: 충원전략에 근거하여 단기적 계획기간별 구체적 행동계획

Ⅳ. 충원이슈의 식별

핵심적 충원 이슈를 식별하기 위해서는 먼저 장기적 경영환경이 인력구조에 미치는 영향을 이해할 필요가 있다.

경영환경의 이해 →	충원이슈의 식별
사업전략의 분석 -사업 초점의 변화 -사업 축소 또는 확장 -시장변화 -주요 프로젝트 또는 투자 -기술변화 -제품 믹스 변화 -생산성 및 품질개선 -조직구조의 변화	• 전략 실행에 핵심적인 직무범주들 (job categories) • 요구되는 역량수준이 크게 변하는 직무범주들 • 요구되는 인력수준이 크게 변하는 직무범주들 • 충원하기 힘든 직위들 • 개발에 장기간이 소요되는 직위들 • 인력경쟁이 심한 스킬 • 구체적 충원계획이 필요한 분야 (예 잉여인력을 정리해고 대신에 재배치할 때 등)

① 충원동인(staffing drivers): 요구되는 역량수준과 인력수준에 변화를 촉진하는 요인들

② 충원동인은 경영환경을 사업전략과 분석함으로써 식별될 수 있다.

Ⅴ. 인적자원계획시 고려사항

인적자원계획 자체를 실시하기 이전에 여러 가지 중요한 의사결정(계획의 유형, 계획기간의 설정, 역할과 책임)이 행해져야만 한다.

① 계획의 유형: 인적자원계획의 유형은 크게 계획에 근거한 인적자원계획(plan based HRP) 프로젝트에 근거한 인적자원계획(projected based HRP) 그리고 모집단에 근거한 인적자원계획(population based HRP)으로 구성되어 있다. 이들 접근법의 특징은 다음과 같다.

[인적자원계획 유형별 특징 비교]

	계획에 근거한 인적자원계획	프로젝트에 근거한 인적자원계획	모집단에 근거한 인적자원계획
목 적	사업전략과 연계해 다양한 인적자원활동을 계획 · 통제	예기치 못한 상황(예 계획에 없던 신규사업 추진 및 정부규제 등)의 인적자원관리에의 영향에 대처하기 위한 상황적합적(contingency) 계획	특정 종업원 집단(예 여성, 장애인, 제조업체에 있어서 엔지니어, 대학에서 전문분야 교수 등)에 대해 정기적으로 인적자원계획을 세움
계획기간	단기 및 중장기	일반적으로 단기	단기 및 중장기
범 위	조직 내 모든 인적자원	통상 제한된 인적자원 집단	조직이 관심을 갖는 종업원 집단

② 계획기간의 설정: 계획은 미래에 대한 것으로 조직은 먼저 계획기간을 설정해야 한다. 이러한 계획기간은 계획의 유형에 따라 달라질 수 있다.

- 계획에 근거한 인적자원계획에 있어서 충원전략은 3년에서 5년 이내의 계획기간을 가지며 충원계획은 1년 이내의 계획기간을 대상으로 한다.
- 프로젝트에 근거한 인적자원계획에 있어서는 프로젝트의 성격에 의해 계획기간이 달라진다. 예를 들어 신규제품의 출시에 따른 영업인력의 부족은 단지 2개월 내지 3개월의 계획기간을 가지겠지만 새로운 공장시설 가동에 따른 계획은 2년 내지 3년의 기간을 대상으로 할 수 있다.

③ 역할과 책임: 라인 관리자와 인적자원 담당자 모두 인적자원계획에 참여하기 때문에 각자의 역할과 책임을 인적자원계획 시작 전에 명확히 할 필요가 있다. 대부분의 조직에 있어서 인적자원계획의 질과 수행은 궁극적으로 최고 경영자가 책임을 지고 있으나 인적자원계획의 대부분의 과정은 인적자원 담당자가 담당하고 있다. 인적자원 담당자는 필요한 자료를 수집 · 분석하며 라인 관리자에게 제시할 책임이 있으며 적절한 예측기법을 활용하여 실천계획을 작성해야만 한다.

Ⅵ. 인적자원계획 과정

인적자원계획은 사업전략과 전략적 상호작용을 통하여 다양한 인적자원활동을 통합하는 역할을 수행한다. 이러한 역할을 수행하기 위한 전반적 인적자원계획은 아래에 제시되어 있으며 다음의 연속적인 6단계로 구성되어 있다.

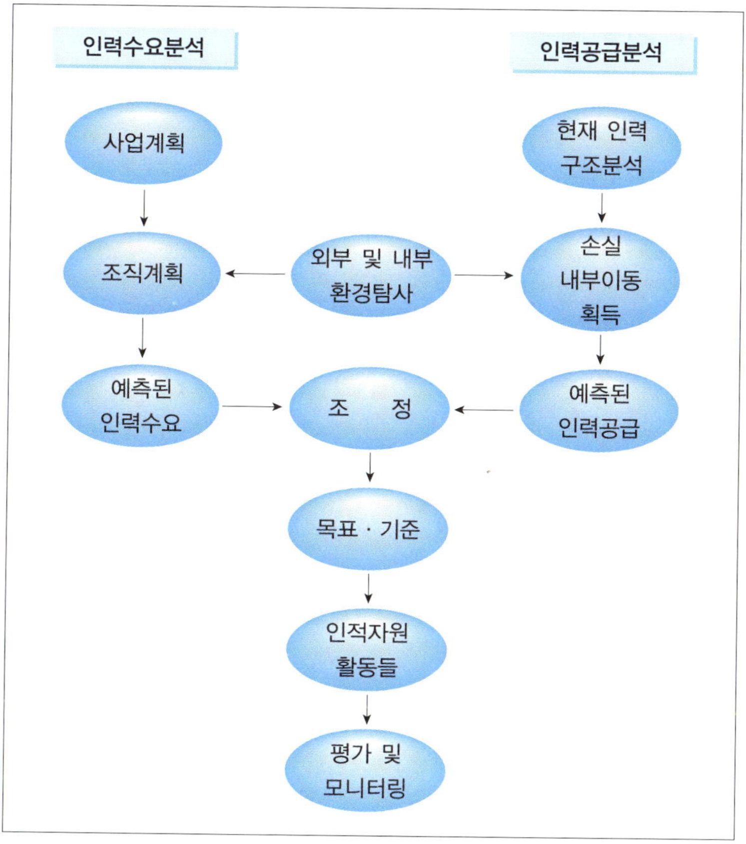

단계 1: 외부 및 내부환경 분석

외부환경(경제적 상황, 노동시장, 노동조합 그리고 법규 및 규제 등)

내부환경(현재 조직인력구조의 구성, 기존 인적자원 프로그램 등)

단계 2: 인력수요예측

조직에 필요한 미래 인력의 수와 유형을 예측하는 것으로 사업계획은 물론 조직계획을 근거로 하여 수행된다.

단계 3: 인력공급예측

현재의 인력구조에서 인력손실과 인력획득을 조정하면 미래에 조직에 남아있는 인력이 파악된다.

단계 4: 소요량과 가용량의 조정(차이분석)

미래의 예측된 인력수요나 가용량을 근거로 하여 조직은 인력의 부족 혹은 잉여에 대한 차이분석을 행한다.

단계 5: 차이를 줄이기 위한 실천계획(action plan)

인력의 차이분석을 근거로 조직은 이에 대처하기 위하여 실천계획을 세운다. 예를 들어, 인력부족에 대처하기 위하여 외부충원을 강화하고 이를 보완하기 위해 임금수준과 복지후행을 개선하거나 현재 인력의 생산성을 높임으로써 인력부족에 대응할 수 있다.

단계 6: 평가 및 모니터링

인적자원계획의 마지막 단계는 인적자원활동들이 얼마나 잘 수행되었는가를 평가하는 것이다. 평가 및 모니터링을 통하여 실천계획이 수립 · 개선될 수 있다.

Ⅶ. 수요예측기법

인력수요는 판매액, 생산량, 생산성, 기술변화 및 기술규제 등에 대한 예측치에 의해 영향을 받는다. 인력수요를 예측하기 위해서는 다음과 같이 다양한 기법이 활용될 수 있다.

7-1 판단적 기법

경영자에게 몇 명이 더 필요한지를 질문하여 예측한다. 단위조직의 경영자는 단위조직의 목표달성에 필요한 인력수요를 판단할 수 있는 최적의 위치에 있으며 판단의 질은 경영자의 예측능력과 그가 예측에 활용할 수 있는 정보에 달려 있다.

7-2 비율분석(Ratio Analysis)

① 인력규모와 관련된 변수를 식별한 후 과거자료를 이용하여 비율을 구한다.

예 판매액/ 1.0 FTE* =? 신규고객수/ 1.0 FTE =?

② 비율이 미래에도 지속된다고 가정한다.

③ 미래 인적자원 수요예측을 위한 비율을 활용한다.

예 1백만원(판매액)/1.0 FTE가 과거 비율이고, 예상 매출액이 4억이라면, 인력수요=100FTEs.

7-3 회귀분석

① 인력규모에 영향을 미치는 독립변수 식별

예 FTEs = a + b1 판매 + b2 신규고객

② 모형 추정

③ 추정된 모형에 의한 인력수요예측

예 • FTEs = 7 + 0.0004 판매액 + 0.02 신규고객
• 예상 판매액 = 1,000,000원
• 예상 신규고객수 = 300
• HR 수요추정 = 7 + 0.0004(1,000,000) + 0.02(300) = 413

④ 예측 표준오차(standard errors in prediction) 추정

[용어정리]

FTE(full-time equivalent, 정규인력 상응치): 특정 종업원의 유형을 정규인력의 일정기간 동안의 근무시간 비율로 나타낸 것이다. 예를 들면, 정규인력이 1주일에 40시간 이상 근무하지만 파트타이머는 1주일에 20시간 근무한다면 그 종업원은 0.5FTE로 계산된다. 만약 어떤 종업원이 1주일에 통상 30시간 근무한다면, 그는 0.75 FTE로 계산된다.

Ⅷ. 공급예측기법

인력공급의 예측에는 일정기간 동안 조직 내 인력흐름의 분석이 요구된다. 종업원들은 조직구조 내에서 상향, 수평, 하향이동을 할 수 있으며 또한 조직 밖으로 나갈 수도 있다. 인력공급을 예측하기

위해서 사용되는 기법에는 마아코브 분석, 경영자 검토, 승계계획, 공석분석 등이 있다. 이 중에서 공석분석에 대해 설명하고자 한다.

8-1 인력공급 예측과정

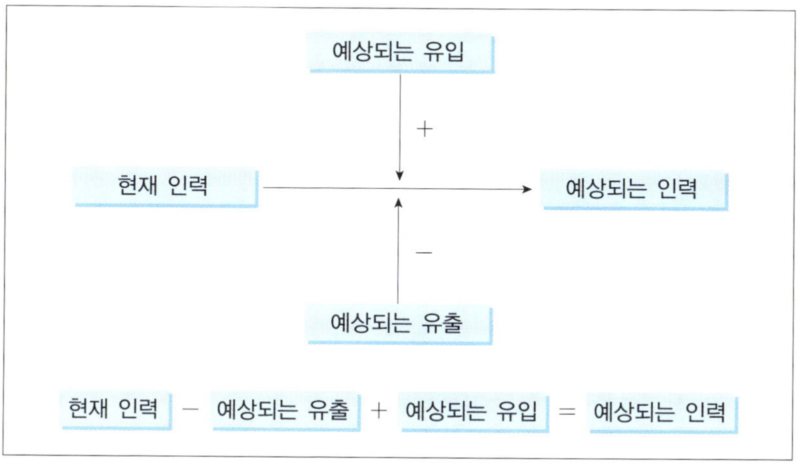

8-2 공석분석(vacancy analysis)

공석분석은 개인단위로 이동의 가능성을 판단한다. 직군 · 직급별 예상인력 손실과 획득에 대한 예측으로부터 시작된다. 이것은 예상 내부인력공급(anticipated internal labor supply)을 제공하고 예상 인력수요와 비교하여 인력의 잉여 또는 부족을 추정하게 한다.

[공석표(vacancy table)의 작성]

직 급	현 재 인 력	인력손실			인력획득		예상인력 공급
		퇴 직	사 퇴	승 진*	충 원	승 진**	
1	120	4	0	11	0	2	107
2	250	2	18	2	0	8	236
3	290	1	29	8	2	20	274
4	360	0	36	20	10	10	324
합 계	1,020						941

주: 승진* : 상위직급으로 승진되어 나가는 경우
승진**: 하위직급에서 승진되어 들어오는 경우
직급 숫자가 적을수록 상위직급이라고 가정한다. 즉, 직급 1은 직급 2보다 상위직급으로 간주한다.

Ⅸ. 인력조정 및 실천계획

일단 인적자원 수요와 공급이 예측되면 예측된 수요와 공급을 비교하여 인적자원 잉여와 부족을 분석하는 것이 필요하다. 이러한 인력의 차이분석을 근거로 조직은 이에 대처하기 위하여 실천계획을 세운다.

[인력수요와 공급의 조정]

직 급	현재 인력	인력수급		예측된 차이 (잉여 및 부족)
		예상인력수요	예상인력공급	
1	100	120	89	−31
2	220	225	222	− 3
3	300	290	325	+35
4	475	520	435	−85

[실천계획]

단계 1: 목표설정

목표는 계획기간 동안 조직이 달성하고자 하는 것을 의미하는데, 계량적 목표와 정성적 목표를 포함하여야 한다. 계량적 목표는 개별 직군 · 직급별로 인적자원계획에서 식별된 차이를 줄이기 위한 종업원 규모의 변화로 표시되며 반면에 정성적 목표는 KSAO 측면에서 인력의 질을 의미한다.

단계 2: 대안창출

목표를 달성하기 위한 방법을 식별하는 것이다. 인력 잉여와 부족시 가능한 대안은 아래와 같다.

인력 부족	장기적 대안	신규채용, 정리해고자 재취업, 전입, 업무이전(유출)
	단기적 대안	초과근무 확대, 파트타임 활용, 휴가 및 휴일근무, 임시직 활용, 임시업무 지원, 임시업무 이전
인력 잉여	장기적 대안	신규채용 동결, 전출, 정리해고, 조기퇴직 유도, 업무이전(유입), 하청 축소
	단기적 대안	신규채용 동결, 초과근무 단축, 파트타임 단축, 훈련, 주당근무시간 단축, 임시휴업, 휴가 및 휴일, 임시업무 이전(유입), 임시종업원 전출

출처: Heneman Ⅲ, H. G., Schwab, D. P., Fossum, J. A. & Dyer, L. D.(1986), *Personnel/Human Resource Management*, Irwin, 197에서 수정하여 재인용.

단계 3: 대안평가

시간, 비용 그리고 부작용 등을 고려하여 인적자원계획 목표를 가장 잘 달성할 수 있는 대안을 선택하여야 한다.

단계 4: 대안선택

대안을 검토하여 최종 결정을 내리는 것은 최고 경영자의 의무이다. 대안은 사업이나 조직계획과 일관성이 있어야 하며 예산이나 실용성 측면에서 최고경영자가 가능하다고 믿어야 한다.

연습문제

1. 예상되는 인력부족이 선발 및 배치, 훈련 및 경력개발, 그리고 임금관리와 같은 HR기능에 어떻게 영향을 미칠 것이 예상되는가?

2. 인력잉여를 조정하는 방법을 논의하시오.

3. 내부인력공급을 예측하기 위한 모형이 아닌 것은?

   ① 기능목록(skill inventories)
   ② 전환 매트릭스(transition matrix)
   ③ 회귀분석(regression analysis)
   ④ 대체인력 차트(replacement chart)
   ⑤ 정답 없음

4. 다음 중 인적자원계획의 의의가 아닌 것은?

   ① 바람직한 인력구조로의 이전을 목표로 한다.
   ② 인력자원계획은 통합적 과정이다.
   ③ 조직 내·외부의 환경변화가 인적자원에 미치는 영향을 평가한다.
   ④ 사업계획을 분석하여 인적자원에 미치는 영향을 평가한다.
   ⑤ 정답 없음

참고문헌

Bechet, T. P.(2002), *Strategic Staffing: A Practical Toolkit for Workforce Planning*, Amacom.

Dyer, L. D.(1985), A New View of Human Resource Planning, In Dyer, L. D. eds., *Human Resource Planning: A Case Study Reference Guide to the Tested Practices of Five Major U.S. and Canadian Companies*, New York: Random House.

Heneman Ⅲ, H. G. & Heneman, R. L.(1994), *Staffing Organizations*, Madison: Mendota House.

Heneman Ⅲ, H. G., Schwab, D. P., Fossum, J. A. & Dyer, L. D.(1986), *Personnel/Human Resource Management*, 4th ed., Irwin.

Walker, J. W.(1992), *Human Resource Strategy*, New York: McGraw-Hill.

제 8 장

외부충원

●학습목표●

인적자원관리에 있어서 외부충원의 역할을 학습한다. 구체적으로, 외부충원의 특성과 과정을 이해하고 전략과 어떤 연계성을 가지는지를 파악한다.

Ⅰ. 외부충원(external staffing)의 정의

외부충원은 고용관계를 형성하기 위하여 개인과 조직이 적합(match)해 나가는 상호작용(mutual process)이다.

외부충원은 미래의 종업원을 모집하고 선발하는 과정으로서, 조직의 성과가 조직구성원의 역량에 달려 있다면, 충원과정에서의 전략과 의사결정은 조직의 장래에 직접적인 영향을 미칠 것이다.

Ⅱ. 외부충원의 구성요소

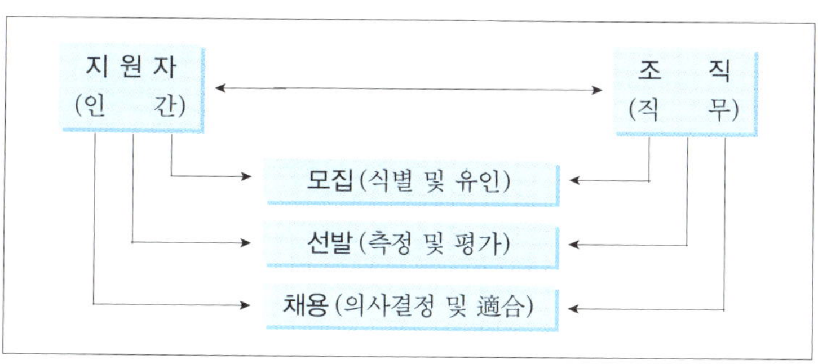

[용어정리]

모집(recruitment): 외부노동시장에서 공석인 직무에 관심 있고 자격이 있는 지원자를 식별 · 유인하는 과정

선발(selection): 채용제안을 할 수 있도록 만족스럽고 생산적인 지원자를 식별하는 과정

Ⅲ. 외부충원에서의 인력의 흐름

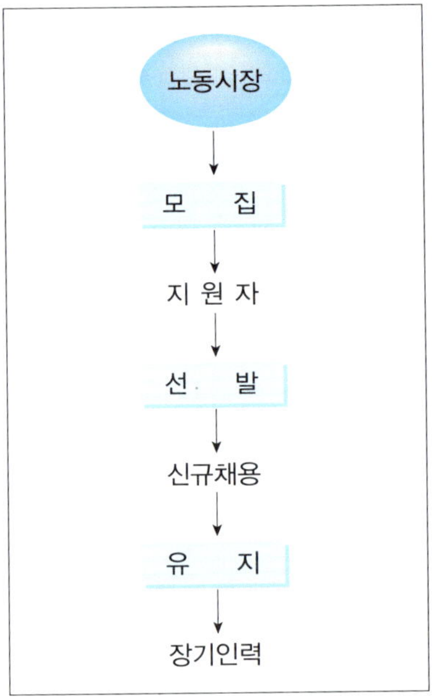

위 그림은 외부충원에서의 인력의 흐름을 시간의 경과에 따라 보여주고 있다. 조직은 인적자원계획, 특히 충원계획에 의해 조직 외부로부터 충원되어야 할 직무가 식별되면, 이들 직무에 대한 지원자 풀(pool)을 창출하기 위해 적정 노동시장(relevant labor market)에서 지원자들을 모집한다. 이 결과로 지원자가 창출되면 지원자에 대한 채용 여부를 결정하여야 한다. 지원자의 채용 여부를 결정하는 과정이 선발(selection)이며, 이러한 선발과정을 거쳐 조직은 신규인원을 채용하게 된다. 신규채용된 인원 중 시간이 경과한 후 계속 조직에 유지되는 인원들은 장기인력으로서 조직에 남게 된다.

Ⅳ. 개인과 조직의 상호작용

[모집과 직장탐색의 상호작용]

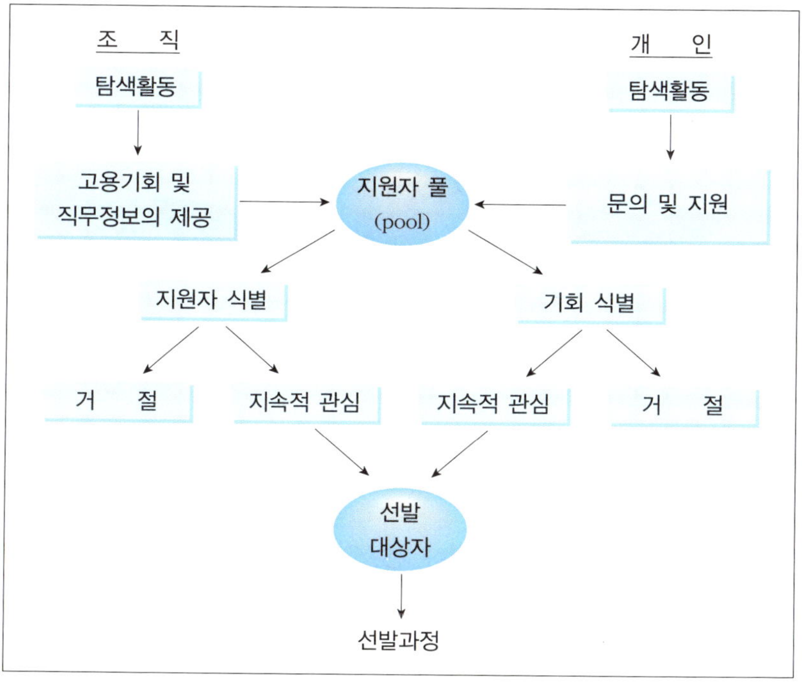

출처: Schwab, D.P.(1982), Recruiting and Organizational Participation, In Rowland, K. M. & Ferris, G. R., eds., *Personnel Management*, Boston: Ally and Bacon, 105.

조직은 직무수행에 필요한 자격요건을 설정한 후 모집에 들어가지만, 개인의 입장에서 보면 직장을 탐색하고 선택하는 과정이다. 위의 그림이 제시하는 바와 같이, 모집은 개인과 조직이 고용관계를 형성하도록 결합하는 상호과정이다.

Ⅴ. 지원자와 조직 간의 갈등 유형

[모집과정에 있어서 지원자와 조직 간의 잠재적 갈등]

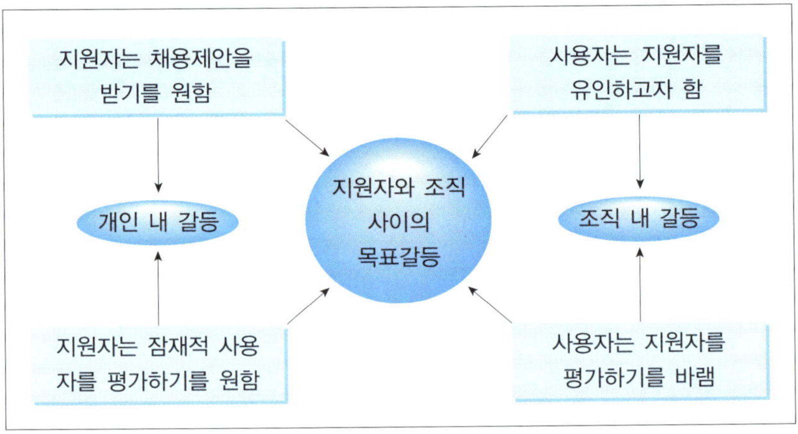

출처: Breaugh, J. A.(1992), *Recruitment: Science and Practice*, Boston: PWS-Kent, 115.

직장을 찾기 위하여 노력해 본 사람들은 알 수 있듯이, 직장탐색은 시간이 오래 걸리며 스트레스가 쌓이는 과정이다. 또한 조직과 개인 간 상충된 욕구와 목표에 의해서 잠재적 갈등이 발생할 소지가 많다. 위 그림은 모집과정에 있어서 개인과 조직 간의 잠재적 갈등 관계를 제시하고 있다.

직장을 선택하여야 하는 상황에서 지원자는 적성, 희망, 능력 등에 비추어 조직을 평가하고자 한다. 조직에게 호의적인 인상을 주기 위해서 지원자는 자신의 강점을 부각시키려 노력하며, 또한 조직에 대한 자신의 긍정적 반응을 의사소통하려 한다. 반면에 자신에 맞는 조직을 선택하기 위해서는 조직이 제공할 수 있는 여러 가지

보상에 대한 정보를 수집할 필요가 있다. 개인의 정보수집활동은 조직의 입장에서는 공격적인 지원자 행동으로 받아들여져 바람직한 지원자 행동으로 여기지 않을 수 있다.

조직 내에서의 갈등은 조직의 채용활동이 서로 다른 목적을 지닌 모집과 선발에 의해서 구성되어 있으며, 이들 활동이 각각의 목적을 달성하기 위하여 서로의 목적에 부정적인 영향을 미칠 수 있기 때문에 발생한다. 모집은 조직이 요구하는 능력을 갖추고 있으며, 조직에 들어올 의사가 있는 지원자들을 유인하는 목적을 가지고 있다. 이러한 목적을 달성하기 위해서 조직들은 자신의 긍정적인 정보만을 제공하며, 지원자들이 조직에 대해 호의적 태도를 갖게 하고자 한다. 반면에 조직은 자격 있는 지원자를 그렇지 않은 지원자로부터 선별하기 위해서 엄격한 선별기준을 적용할 필요가 있다. 엄격한 선별기준은 지원자들이 조직에 대하여 가지는 호의적 태도를 저하시킬 수 있다.

또한 조직과 지원자 사이의 갈등이 있을 수 있다. 조직이 많은 지원자를 유인하기 위하여 긍정적인 정보만 제공한다면, 이것은 지원자가 사용자를 정확히 평가하고자 하는 욕구와는 상충될 것이다. 마찬가지로, 채용기회를 늘리기 위하여 지원자는 조직에 자신에게 유리한 정보만 제공한다면 지원자를 정확히 평가하고자 하는 조직의 욕구와는 상충될 것이다.

Ⅵ. 외부충원에서의 적합(match)의 유형

6-1 개인-직무 적합(person-job match)

개인능력(abilities)과 조직요구(demands)의 일치 또는 개인의 바람(desires)과 직무의 속성(the attributes of a job)의 일치를 의미한다. 조직은 직무분석을 통하여 직무를 수행하는 데 필요한 지식(knowledge), 스킬(skill), 능력(ability) 그리고 기타 특성(other characteristics), 즉 KSAOs를 식별할 수 있다. 이렇게 직무상에 필요한 KSAOs를 기준으로 지원자의 KSAOs를 측정·평가함으로써 조직도 개인-직무적합을 달성할 수 있다. 직무분석을 통하여 필요한 KSAOs를 명확히 설정함으로써 선발과정에 있어서 성(sex)이나 인종(race)차별을 줄일 수 있고 자격 있는 지원자와 자격 없는 지원자를 구분할 수 있다.

6-2 개인-집단 적합(person-group match)

개인과 작업집단(work group) 사이의 상호 적합성을 의미한다. 여기서 작업집단이란, 직접적인 동료들의 작은 집단으로부터 기능적인 과(課) 또는 지역적 사업부 같은 조직의 구별 가능한 하위 단위를 의미한다. 이러한 집단과 같은 하위 조직들은 그들이 속한 전체 조직과는 다른 고유한 규범이나 가치들을 가질 수 있다. 따라서 개인과 집단의 일치 정도와 개인과 조직의 일치는 상당 부분 다를 수 있다.

6-3 개인-조직 적합(person-organization match)

개인-조직 적합이란 개인들과 조직 간의 상호 적합성(compatibility)으로 다음과 같은 의미를 가지고 있다.

- 개인과 조직의 가치(value) 사이의 일치(congruence)
- 개인들과 조직의 리더들 및 동료들 사이의 목표(goals)의 일치
- 개인의 선호 또는 욕구와 조직의 시스템 및 구조 사이의 일치
- 개인 성격의 특성과 조직 풍토(climate) 사이의 일치

직무요건 외에 많은 조직들은 조직요건에 맞는 지원자를 선발하고자 한다. 최근 많은 기업들은 조직의 가치관이나 문화와 맞는 지원자를 선발하는 데 높은 우선순위를 두고 있다. 이런 선발기준은 너무 비슷한 특질을 지닌 노동력을 결과한다는 우려도 있지만, 팀워크와 융통성에 필요성은 개인-조직적합에 대한 관심을 높게 하였다. 많은 경우에 조직은 우수한 기술적 스킬을 가진 사람일지라도 조직의 가치관과 맞지 않으면 선발하지 않는다.

Ⅶ. 충원에 대한 관점들

- 개인-직무 적합으로서의 충원
- 전략실행기능으로서의 충원
- 전략형성기능으로서의 충원

① 개인-직무 적합으로서 충원은 충원과정을 개인의 특성과 직무요건을 적합시키는 분석적 과정으로 인식하고 있다. 이 접근법은

전통적 인사관리의 흐름을 따르고 있으며, 충원을 너무 좁게 인식하고 있다는 비판을 면할 수 없다. 만약 직무가 서로 연관되어 있거나 상호조정(mutual adjustment)이 중요한 상황에서는 성과는 직무간의 상호작용에 의해 크게 영향을 받을 수 있다.

② 전략실행기능으로서 충원은 HR이 전략과 연계되어야 한다는 주장에 근거하고 있다. 1940년 대규모 조직이 등장함에 따라 사업부제가 널리 도입되었다. 사업부제를 담당할 경영자는 회사 전체의 시너지를 극대화하면서 사업전략을 수행할 필요가 있다. 따라서, 사업 경영자의 자격요건은 회사의 전략적 요건을 반영하게 되었다.

③ 전략형성기능으로서의 충원은 경기주기가 짧아지고 기술발전이 가속화됨에 따라 안정된 사업전략을 구축하기가 점점 어려워지게 되었다. 따라서 경영전략의 근간은 인적자원의 질(quality)이라고 여겨지게 되었으며, 전략적 역량(strategic capability)에 초점을 두게 되었다. 즉, 환경이 너무 급격하게 변하는 상황에서는 신속하게 다양한 전략을 인식하고 수행하는 조직역량이 중요하게 되었으며, 이런 조직역량은 중요한 요소가 훌륭한 인재를 조직이 보유하는 것이다. 다시 말하면, 예측하기 어렵거나 알 수 없는 미래에 대비하여 질 높은 인적자원을 보유하는 것이다.

[충원에 대한 세 가지 관점]

	개인-직무적합 기능으로서 충원	전략실행 기능으로서 충원	전략형성 기능으로서 충원
특 징	직무분석에 근거한 충원 충원할 직무에 대한 다수의 지원자 확보 폐쇄체계 관점	경쟁전략(전략실행)에 근거한 충원 여러 부서간 시너지 확보 개방체계 관점	전략형성에 근거한 충원 다양한 스킬 자원의 신속한 배분 개방체계 관점

가 정	직무들은 요구되는 개인 특성들로 세분될 수 있다. 사람과 직무는 안정적이다.	연역적 논리 (deductive logic) 반응적 충원 전략과 충원간의 밀접한 적합	귀납적 논리 (inductive logic) 선행적 충원 전략과 충원 사이의 느슨한 적합(여유)
적 용	안정적이고 명확한 직무를 가진 조직	명확한 전략과 필요역량을 지닌 조직	전략을 신속하게 개발하거나 변화시키는 능력이 필요한 조직

Ⅷ. 충원에 대한 관점에 따른 모집과 선발기능의 특색

[충원과정의 기본 구성요소]

	개인-직무적합 기능으로서 충원	전략실행 기능으로서 충원	전략형성 기능으로서 충원
모 집	지원자 풀 확대	핵심역량을 강화하기 위한 선택된 개인들의 유인	기존의 유능한 인재들과의 관계형성
선 발	직무특성에 근거한 인재를 선발함으로써 개인-직무적합 강화	전략의 시너지 효과를 극대화하기 위한 인력구성 개발	새로운 스킬을 지닌 인재를 충원함으로써 전략적 경영역량 강화

연습문제

1. 전략을 세우기 힘들 정도로 급변하는 환경 속에서 사업을 수행하는 조직은 어떠한 관점에서 충원을 바라보아야 하는가? 그 이유는?

2. 요즘 인사 실무자들은 '조직에 맞는 사람을 뽑아야 한다'는 말을 자주 한다. 적합(match) 측면에서 이 말을 해석해 보시오.

3. 사용자의 지원자를 유인하고자 하는 욕구와 지원자를 평가하고자 하는 욕구 사이의 갈등은?
   ① 개인 내 갈등
   ② 조직 내 갈등
   ③ 지원자와 조직 사이의 갈등
   ④ 조직간 갈등
   ⑤ 개인간 갈

4. 직무분석을 통해 직무수행에 필요한 능력을 식별한 후 이 요건에 의해 지원자를 선발하는 것은 어디에 속하는가?
   ① 개인 — 직무적합
   ② 개인 — 집단적합
   ③ 개인 — 조직적합
   ④ 개인 — 상사적합
   ⑤ 개인 — 부문적합

참고문헌

김형식(1997), "채용면접이 지원자 반응에 미치는 영향에 관한 실증연구," 성균관대학교, 박사학위 논문.

Breaugh, J. A.(1992), *Recruitment: Science and Practice*, Boston: PWS-Kent, 115.

Kristof, A. L.(1996), Person-Organization Fit: An Integrative Review of its Conceptualization, Measurement, and Implications, *Personnel Psychology*, 49, 1-50.

Milkovich, G. T. & Bonddrean, J. W.(1997), *Human Resource Management*, 8th ed., Irwin.

Schwab, D. P.(1982), Recruiting and Organizational Participation, In Rowland, K. M. & Ferris, G. R., eds., *Personnel Management*, Boston: Ally and Bacon, 105.

Snow, C. C. & Snell, S. A.(1993), Staffing as Strategy, In Schmitt, N., Borman, W. C. & Associates, eds., *Personnel Selection in Organizations*, Jossy-Bass, 448-478.

제 9 장

모 집

●학습목표●

본 장에서는 조직의 인력흐름시스템 중 모집과정에 대해 학습한다. 다양한 모집원과 모집방법을 이해하고 각각의 장점과 단점을 고찰한다.

모집은 조직에게만 중요한 것이 아니며 지원자와의 쌍방적 의사소통과정이다. 지원자는 조직에 대한 정확한 정보를 요구하며, 반면에 조직은 지원자격에 대한 정확한 정보를 제공할 필요가 있다.

모집은 조직의 인력수요를 충당하기 위하여 조직외부로부터 지원자를 식별하고 유인하는 과정이다. 인적자원계획, 특히 충원계획에 의해 조직외부로부터 충원되어야 할 직무가 식별되면, 이들 직무에 대한 지원자 풀(pool)을 창출하는 것이 모집의 임무이다.

인적자원부서가 모집에 있어서 주요한 책임을 진다. 인적자원부서는 CEO에게 선발기준, 초임, 그리고 평등고용 등과 같은 전반적 정책을 제안하며, 모집전략과 절차를 개발한다. 또한 인적자원부서는 라인관리자의 참여를 유도하며, 모집의 전반적 과정에 대한 효율성을 평가한다.

따라서 본 장에서 조직과 지원자 간의 상호작용과정을 고찰한 후 모집과정과 그에 대한 평가를 다루고자 한다.

Ⅰ. 모집과정

조직은 지원자와 조직 간의 갈등을 최소화시킬 수 있는 모집 프로그램을 설계해야 한다. 모집 프로그램을 설계하기 위해서는 이러한 갈등뿐만 아니라 모집시기, 모집방법, 그리고 의사소통 경로 및 내용들과 같은 요소를 고려하여야 한다. 모집과정은 계획, 전략개발, 탐색, 선별(screening) 그리고 평가 및 통제의 서로 연관된 다섯 단계로 구성된다.

[모집과정]

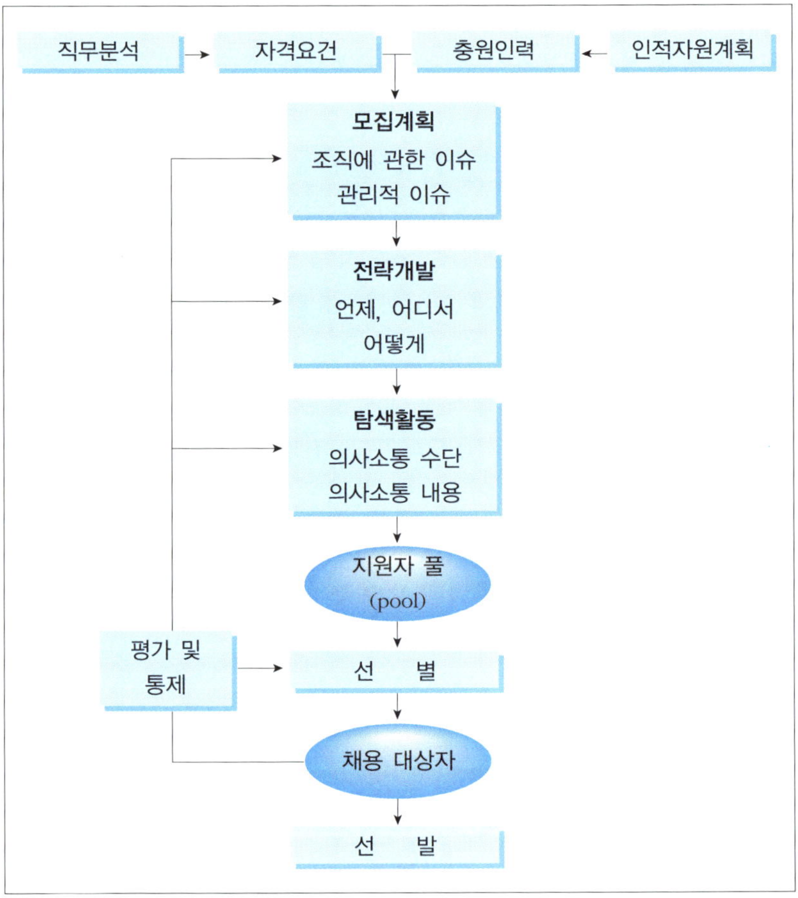

1-1 모집계획

① 모집계획(recruitment planning)은 채워져야 할 직무에 관한 정보를 지원자의 수나 유형으로 전환하는 과정이다.

② 모집계획에서는 지원자의 식별 및 유인을 조정하기 위한 조직적

이슈, 그리고 접촉한 지원자의 수, 예산 등과 같이 효율적인 모집캠페인을 수행하기 위한 관리적 이슈를 포함한다.

1-2 모집전략의 개발

① 모집계획이 수립되면 다음 단계는 모집전략을 개발하는 것이 필요하다. 모집전략을 개발하기 위해서 조직은 언제, 어디서, 어떻게 모집활동을 할 것인가를 고려해야 한다.

② 외부충원시 다양한 모집방법이 존재하고 있으며, 모집방법의 선택은 구체적인 채용기준과 모집원(recruitment source) 분석에 의해 결정되어진다. 모집방법으로는 직접지원(direct application), 종업원추천(employee referrals), 광고(advertising), 고용알선기관, 교육기관, 헤드 헌터(head hunter) 등 다양하다.

③ 우수한 인재를 모집하려는 기업 간 경쟁이 치열함에 따라 최근에는 정보통신기술의 발달로 인터넷상 모집(recruiting on the Internet)이 광범위하게 실시되고 있다.

④ 조직이 모집방법을 선택할 경우에는 어떤 방법이 합리적인 기간과 비용한계에서 조직에 필요한 인력의 수와 질을 창출할 가능성이 있는가를 고려하여야 한다. 즉 노동력의 양과 질, 모집방법의 가용성, 과거의 경험, 예산의 제약 등이 모집방법을 선택할 때 고려되어져야 하는 기준이다.

[용어정리]

헤드 헌터: 경영자 탐색기업(executive search firm)을 의미하며 현재 고용되어 있는 사람을 대상으로 모집한다는 점에서 다른 모집방법과 구별된다.

1-3 모집활동

① 일단 모집계획이 수립되면 다음 단계로 조직이 실제로 지원자를 탐색하는 과정이 필요하다. 지원자를 탐색하기 위해서 조직은 먼저 어떤 내용을 어떤 매체를 통하여 전달할 것인가를 결정하여야 한다.

② 조직이 지원자에게 전달하는 정보는 지원자가 직무수락 여부를 결정하는 데 중요한 역할을 하므로 조직은 직무의 자격요건과 보상에 대한 모든 정보를 제공하여야 한다.

③ 모집내용의 효과는 부분적으로 의사소통 매체의 신뢰성에 달려 있다. 매체의 신뢰성(credibility)은 지각된 전문성, 개인선호, 그리고 믿음(trust)에 의해 결정된다. 모집에 있어서 지원자들은 광범위한 매체, 즉 신문광고나 채용박람회 등에 대해서 신뢰를 적게 하는 반면에 집약적인 매체—친구나 친척 등 개인적 접촉—에 대해서는 호의적으로 인식하고 있다.

1-4 선 별

① 선별(screening)의 목적은 직무에 현격하게 부적절한 지원자를 초기단계에서 제거하기 위함이다. 효과적인 선별은 추후 선발과정에 있어서 상당한 시간과 비용을 절감하게 한다. 그러나 자격 있는 지원자가 기각되거나 소수집단(예 여성이나 장애인)이 불공정한 처우를 받지 않도록 세심한 주의를 기울여야 한다.

② 효과적인 선별을 위해서는 명확한 직무명세서가 필요하다. 직무명세서에서 요구되는 지식, 스킬, 능력이나 기타 특성(KSAOs)에 의헤 지원자를 평가한다.

Ⅱ. 인터넷 모집

우리나라에서는 1990년대 중반부터 거의 모든 대기업들이 인터넷을 이용하여 모집하고 있다. 회사들은 필요로 하는 목표지원자(target applicants)를 창출하는 데 인터넷이 효과적인 것으로 인식하고 있다. 즉 인터넷 모집을 통하여 조직은 낮은 단위비용으로 신속하게 자격 있는 지원자를 모집할 수 있다고 생각한다.

2-1 인터넷 모집의 이점

① 신속성 및 비용절감 : 컴퓨터에 의한 지원자 정보의 저장과 자동추적시스템(tracking system)은 기존 충원과정에 있어서 인력이 많이 들면서도 부가가치가 적은 업무를 제거함으로써 시간과 비용을 절감할 수 있다.

② 회사이미지 강화 : 웹사이트에 조직문화에 대한 정보를 포함함으로써 회사의 브랜드 이미지(brand image)를 강화할 수 있다.

③ 지원자의 질적 수준 향상 : 인사부서는 회사의 웹사이트를 통하여 높은 수준의 지원자를 식별할 수 있는 목표모집(target recruiting)을 행할 수 있어 신규채용자의 질적 수준을 향상시킬 수 있으며 범세계적으로 유능한 지원자를 모집할 수 있다.

[용어정리]

목표모집(target recruiting) : 조직이 사전에 면밀한 계획을 통하여 유능한 잠재적 지원자가 많은 곳을 식별하여 집중적으로 모집활동을 수행하는 방법

2-2 인터넷 모집의 향후 개선방향

① 채용사이트는 지원자 또는 목표지원자(target application)의 관심을 반영하도록 설계

② 채용사이트 내에서 항해(navigation)가 용이하도록 설계

③ 채용사이트를 사용자에게 친근하도록(user friendly) 설계

④ 충원되어야 할 직무나 경력기회에 대해서 신문이나 잡지를 통해 제공하는 것보다 자세히 기술

⑤ 지원자의 질을 높이고 허수를 줄이기 위해서는 지원자에게 지원서를 제출하기 전에 회사가 원하는 기준이나 조직문화에 맞는지를 자기 테스트할 수 있는 기회 부여

⑥ 지원서 항목이나 채용사이트의 내용을 면밀히 검토하여 지원자의 사생활침범이나 차별(discrimination)이 방지되도록 하여야 함.

⑦ 일단 지원을 하면 지원자 개개인에 대한 자료파일을 설치하여 개인이 수시로 자기 파일에 접근하여 자료를 수정할 수 있도록 하여야 할 것임.

⑧ 인터넷의 비인간적(impersonal) 측면을 보완하기 위하여 보조적으로 채용담당자와 직접 접촉할 수 있는 방법을 제시하여야 할 것임.

⑨ 소규모이거나 잘 알려지지 않은 기업들의 website는 많은 지원자들의 관심을 끌 수 없어 자체적으로 인터넷 모집을 하는 것은 바람직하지 않을 수 있다. 따라서 이런 기업들은 널리 알려진 채용사이트를 이용하는 것도 한 방법이다.

Ⅲ. 모집기능에 대한 평가

조직은 모집기능에 대한 체계적 평가를 행함으로써 현재 모집과정의 장·단점을 파악하여 추후의 모집과정을 개선할 수 있다. 모집기능에 대한 평가는 모집과정에 대한 평가, 지원자 반응 평가 및 인적자원결과에의 영향으로 구성된다.

3-1 모집과정에 대한 평가

3-1-1 산 출 률

① 산출률은 지원수를 신규채용자수로 나눈 비율로 모집과정 전반에 대해서 뿐만 아니라 모집단계별로도 계산할 수 있다. 또한 산출률은 모집원, 모집방법별로 계산함으로써 어떤 모집원이나 방법이 가장 큰 산출률을 결과하는지 나아가서는 개선이 필요한 점이 무엇인지를 식별할 수 있다.

3-1-2 시간경과 자료

① 모집과정에 있어서는 산출률뿐만 아니라 특정한 신규채용자수를 산출하는 데 걸리는 시간도 중요하다. 이것은 시간경과 자료에 의해 평가된다. 시간경과 자료는 모집과정의 단계별로 걸리는 시간을 의미한다.

② 시간결과 자료는 지원자 식별과 직무개시일, 지원 식별과 채용제안, 또는 채용제안과 직무개시일 사이의 기간을 계산할 수 있으며, 이런 자료들은 모집과정상 보다 신속하게 처리하거나 효율성을 높여야 하는 것이 어디인지를 분석하는 데 활용될 수 있다.

3-1-3 비 용

① 비용은 모집에 필요한 직접비용(예 모집인 인건비)과 간접비용(예 소모품비나 여행 등과 같은 경비)으로 구성된다. 주요한 지표 중 하나는 신규채용자 1인당 비용(즉, 모집비용/신규채용자수)이다. 비용은 모집원이나 모집방법별로 계산될 수 있으며, 이러한 수치는 추후에 모집예산을 작성하는 데 활용될 수 있다.

3-1-4 지원자 반응

① 효과적인 모집시스템을 설계하고 수행하는 데 있어서 중요한 정보는 지원자로부터 나올 수 있다. 모집시스템에 대한 지원자의 태도는 모집시스템 개선을 위하여 중요한 정보를 제공한다.

② 모집은 조직구성원이 아닌 외부인을 대상으로 하고 있으므로 모집활동에 있어서 조직은 사회적 책임을 지고 있다. 즉, 지원자들은 모집과정에 있어서 인간적 존엄성을 가진 대상으로 대우받을 권리가 있다.

③ 이러한 입장은 Schuler 등(1993)에 의해서 제시된 사회적 타당성 모형에 의해 설명될 수 있다. 조직의 채용과정이 사회적으로 볼 때 관련 당사자들(예 지원자, 사회단체)로부터 수용되고 타당한 것으로 이해되어야 하며, 이러한 것은 4가지 차원에 의해 영향을 받는다고 주장하고 있다.

- 첫째, 지원자들은 선별(screening)에 사용되는 기준이 직무관련성이 높다고 인식할수록 모집과정에 호의적으로 반응을 하는 경향이 있다.
- 둘째, 모집과정에 있어서 시간적 지체는 지원자에게 부정적 반응을 초래하게 된다.

- 셋째, 지원자가 모집과정에 있어서 자산의 의견을 발표할 기회가 많거나 과정설계에 참여(예 설문이나 의견발표기회를 통하여)할수록 호의적으로 반응을 나타낸다.
- 넷째, 지원자가 결과에 관계없이 자신의 잠재력, 성장가능성이나 또는 장·단점에 대해서 피드백을 받을 경우 모집과정이 공정하다고 느낀다.

3-2 인적자원결과에 대한 영향

① 모집은 궁극적으로 직무만족, 성과, 사퇴 등과 같은 인적자원결과(HR outcome)에 영향을 미친다. 따라서 모집원이나 모집방법별로 인적자원결과들을 측정하는 것이 필요하다.

② 이들 결과들은 모집원이나 모집방법별로 비교하여 추후 모집활동을 계획할 때 참고자료로 활용할 수 있다.

3-3 평등고용

① 지원자는 모집과정을 통하여 처음으로 조직과 접촉하게 되며, 이 과정에서 조직은 특정 집단(예 여성, 장애인 등)을 배제할 가능성이 상당히 존재한다.

② 따라서 조직은 모집원이나 모집방법별로 소수집단에 대해서 부정적 영향(adverse impact)이 있는지를 신중히 검토하여야 한다.

연습문제

1. 모집이 인적자원결과에 어떻게 영향을 미치는지를 설명하시오.

2. 조직이 효율적으로 인터넷상에서 모집할 수 있는 방안을 설명하시오.

3. 모집에 대한 설명 중 틀린 것은?

① 모집은 조직의 인력수요를 충당하기 위하여 조직 외부로부터 지원자를 식별하고 유인하는 과정이다.
② 모집은 인적자원결과에 직접적인 영향을 준다.
③ 모집은 조직과 지원자 간의 의사소통과정이다.
④ 노동조합과 노동시장은 모집에 있어서 중요한 역할을 수행한다.
⑤ 실업률이 낮은 경우에는 지원자가 유리하고, 상대적으로 모집과정이 어렵다.

4. 다음 중 모집과정의 평가에 관한 설명으로 틀린 것은?

① 모집과정의 평가시 산출률, 시간경과자료, 비용 등의 지표를 이용할 수 있다.
② 산출률은 신규채용자의 수를 지원자의 수로 나눈 것이다.
③ 시간경과자료는 모집과정 중 단계별로 소요되는 시간을 의미한다.
④ 비용은 모집에 필요한 직접비용과 간접비용으로 구성된다.
⑤ 정답이 없다.

참고문헌

Gatewood, R. D. and Field, H. S.(1998), *Human Resource Selection*, 4th ed., The Dryden Press.

Heneman, H. G. Ⅲ, Schwab, D. P., Fossum, J. A., and Dyer, L.(1994), *Personnel/Human resource Management*, 4th ed., Homewood, IL.: Irwin.

Heneman Ⅲ, H. G. & Heneman, R. L.(1994), *Staffing Organization*, Madison: Mendota House.

Leonard, B.(2001), Job Candidates Judge Employers by their Web Sites, *HR Magazine*, July, 30-31.

Schuler, H., Farr, J. L. & Smith, M., eds.(1993), *Personnel Selection and Assessment; Individual and Organizational Perspectives*, Hillside; N. J.: Lawrence Erlbaum Associates.

제 10 장

선발의 개념

●학습목표●

조직에서 수행하는 선발과정을 이해하고 선발 의사결정의 특성과 타당도 검증을 학습한다.

Ⅰ. 선발과정

모집은 조직 외부로부터 신규 인력을 충원하는 첫 단계이며, 모집의 결과로 지원자가 창출된다. 지원자가 일단 창출되면 지원자에 대한 채용 여부를 결정하여야 되며, 이런 지원자의 채용 여부를 결정하는 과정이 선발(selection)이다.

Ⅱ. 선발의 의의

지식기반경제하에서 기업의 핵심역량은 인적자원의 질에 크게 달려 있다. 이미 언급한 바와 같이, 인적자원은 능력, 욕구, 창의성, 기대, 지식 등에 있어서 차이가 크므로(제1장 참조), 올바른 인재를 선발한다는 것이 더욱 중요해졌다. 지원자들이 능력, 욕구, 창의성, 지식들에서 차이가 없다면 외부에서 인력을 충원하는 데 선발은 그다지 중요하지 않을 것이다. 직무가 고도의 지식과 의사결정을 요구할수록 단순한 육체적 직무에서보다 개인차이가 더욱 중요해질 것이다.

신규 종업원을 채용하면 상당한 기간 조직에 남아 있기 때문에 이들이 조직 성공에 미치는 영향은 지대하다고 할 수 있다. 더욱이 최근에는 기업들은 유연한 조직구조를 추구함으로써 조직구성원의 임파워먼트(empowerment)가 강조되고 있다. 따라서 최근에는 '신중한 채용, 유연한 관리(hire hard, manage soft)'의 추세가 강조되고 있다.

Ⅲ. 선발의 논리

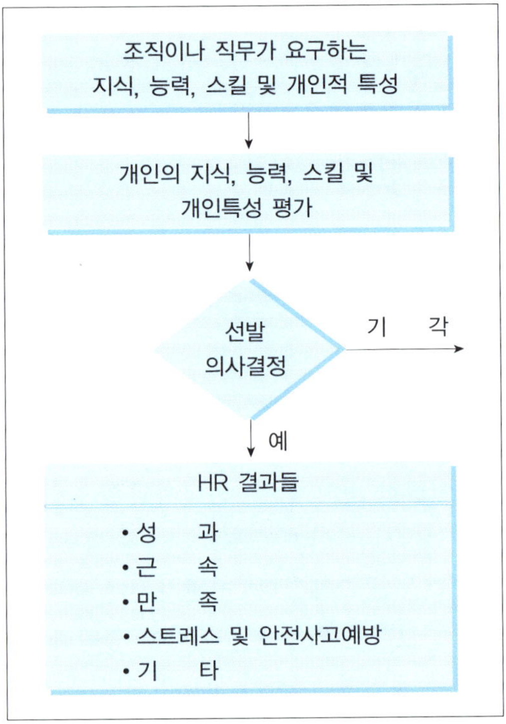

선발은 신규 종업원의 성과, 근속, 만족 등을 강화할 수 있는 방식으로 이루어져야 한다. 선발이 조직구성원의 성과, 근속, 만족 제고에 어떻게 기여하는가를 분석하는 과정을 타당도 검증(validation)이라고 한다.

Ⅳ. 타당도 검증

타당도 검증이란 특정 선발도구에 대하여 타당도(validity) 준거를 수립하는 과정을 의미한다.

[용어정리]

타당도(validity): 선발정보에 의한 예측이 준거에 의해 지지되는 정도. 선별도구의 품질 확인

선발도구(selection tool): 필기시험, 지원서, 면접 등과 같이 자원자 특성에 대한 정보를 획득하는 수단

4-1 타당도 검증방법들

타당도 검증방법에는 크게 실증타당도 검증과 내용타당도 검증이 있다. 실증타당도 검증에서는 준거관련타당도(criterion related validity)를 구할 수 있다. 준거관련타당도는 선발도구가 직무성과를 예측할 수 있는 정도를 나타낸다. 즉, 선발도구에 있어서 성적이 실제 직무성과를 어느 정도 예측할 수 있는가를 측정한다. 여기서 선발도구에 있어서 성적을 예측치(predictor) 그리고 실제 직무성과를 준거(criterion)라고 부른다. 실증타당도 검증에는 누구를 대상으로 타당도를 검증하느냐에 따라 예측타당도 검증(predictive validation: 지원자를 대상으로 함)과 동시타당도 검증(concurrent validation: 현 종업원을 대상으로 함)이 있다. 내용타당도 검증은 선발도구가 실제 직무특성을 어느 정도 반영하고 있는가에 초점을 두고 있다.

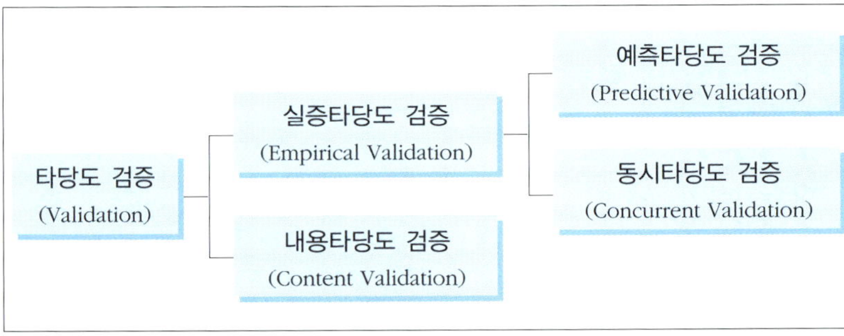

4-2 실증타당도 검증과정

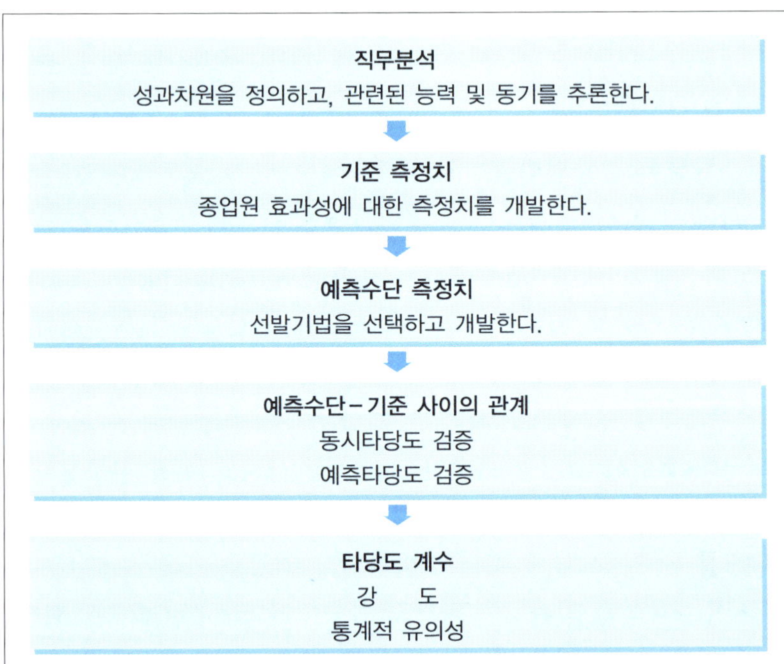

앞의 표는 실증타당도 검증에 있어서 구성요소와 절차를 나타내고 있다. 실증타당도 검증과정은 직무분석으로부터 시작하고 있다. 직무분석의 결과를 토대로 준거(직무성공)와 예측수단에 대한 측정치를 개발한다. 즉, 직무분석에 의해 바람직한 인적자원결과들(예 성과, 근속, 사고감소 등)을 식별하고 정의함과 동시에 이들 인적자원결과와 관련 있는 구체적인 능력과 동기를 추론한다. 타당도 검증에 있어서는 바람직한 인적자원결과들을 토대로 준거를 그리고 요구되는 능력과 동기를 토대로 예측수단을 개발한다.

다음 단계는 표본을 이용하여 준거와 예측수단에 대한 점수(측정치)를 얻어 상관관계를 고찰하는 것이다. 여기서 지원자들을 대상으로 하여 점수를 획득하면 예측타당도 검증이 되고 현재 종업원들을 대상으로 점수를 획득하면 동시타당도 검증이 된다.

마지막으로 준거와 예측수단 사이의 관계를 체계적으로 고찰한다. 일반적으로 준거와 예측수단의 상관계수(correlation coefficient)를 계산하며 타당도 검증에 있어서는 타당도계수(validity coefficient)라고 불리운다.

[용어정리]

성과차원(performance dimension): 직무의 성공적 수행에 중요한 분야

예측수단(predictor): 기준(즉, 직무성과)을 예측하기 위한 수단들. 선발에 있어서는 선발도구와 동일한 의미이다.

상관계수(correlation coefficient): 두 변수간 선형관계(linear relationship)를 측정하는 통계량

4-2-1 동시타당도 검증

동시타당도 검증에서는 예측수단과 준거에 대한 점수들이 타당도 검증이 수행되고 있는 직무를 담당하고 있는 현재 종업원으로부터 획득된다.

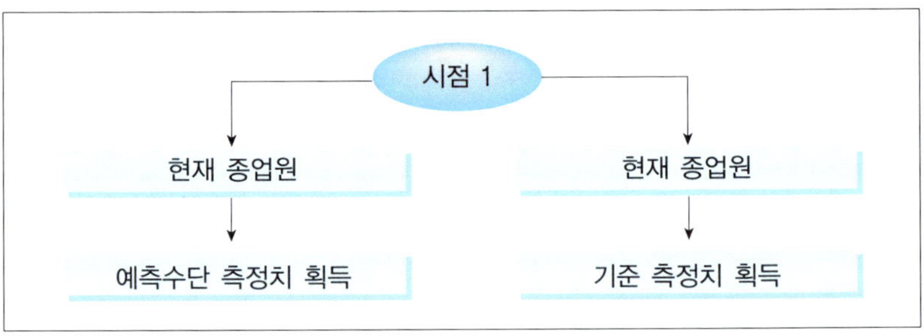

[장점 및 단점]

① 장점: 현재의 종업원을 대상으로 하기 때문에 시간이 적게 들고 편리하다.

② 단점:

- 현 종업원은 지원자와는 달리 시험을 보고자 하는 동기가 부족할 수 있다.
- 현 종업원은 연령, 교육수준 등에 있어서 지원자와 다를 수 있다. 즉, 표본의 성질이 다를 수 있다.
- 범위제한(restriction of range)이 발생할 가능성이 있다.
- 직무경험이 성적에 영향을 미칠 수 있다.

[용어정리]

범위제한(restriction of range): 예측치(predictor)나 기준치(criterion)에 대한 범위의 제한이 관찰된 타당도 계수를 실제 수치보다 낮게 만드는 현상

4-2-2 예측타당도 검증

예측수단에 대한 점수는 현 종업원이 아니라 지원자로부터 얻어진다. 지원자에 대한 선발결정을 내릴 때에 타당도 검증의 대상이 되는 예측수단의 점수는 고려의 대상이 되지 않고 기존의 다른 예측수단에 의해 채용이 결정된다. 이러는 이유는 해당 예측수단을 사용한다면 처음부터 이 예측수단이 타당도가 있다고 가정하는 결과를 낳는다. 준거에 대한 점수는 채용된 사람들로부터 얻는다. 만약 직무성과가 준거라면, 신규채용된 사람이 실제 직무를 수행하여 결과를 도출할 때까지 기다려야 한다.

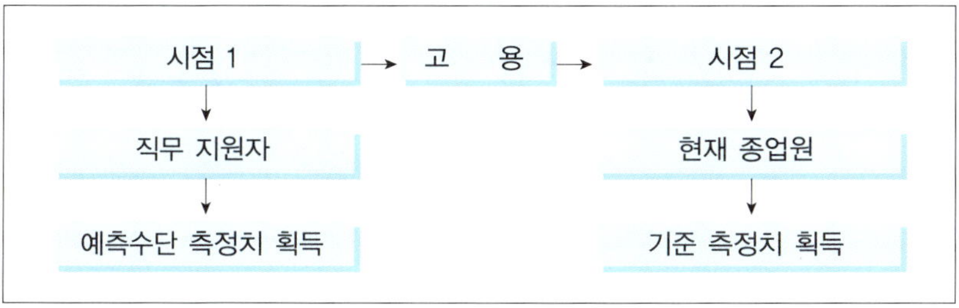

[장점 및 단점]

① 장점: 예측수단에 대한 점수를 지원자로부터 얻기 때문에 동시타당성 검증의 단점을 극복할 수가 있다.

- 지원자들은 열성적으로 응시
- 직무경험의 영향 배제

② 단점: 시간이 많이 걸리며, 경영자를 이해시키기가 힘들다(비용을 들여 개발된 선발도구를 실제 선발의사결정에 활용하지 않는다는 점을 경영자에게 납득시켜야 한다.)

4-3 타당도 계수

타당도 계수란 예측치와 기준치 사이의 상관계수(correlation coefficient)를 의미한다. 타당도 계수를 분석할 때에는 연관의 강도와 통계적 유의성을 고찰하여야 한다. 예측수단과 기준 사이의 관계는 분산도(scatter plot)를 살펴봄으로써 쉽게 파악할 수 있다.

[상관관계의 예]

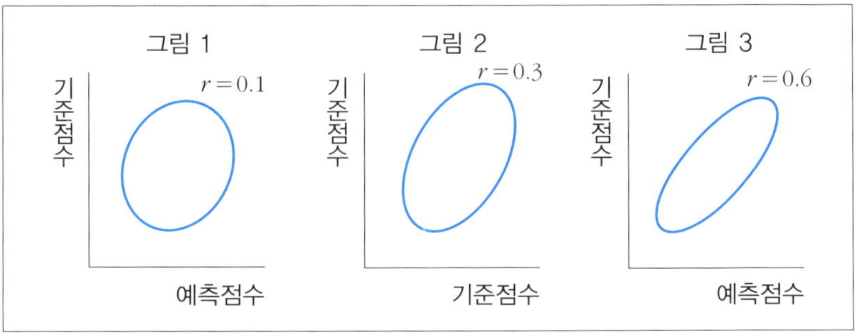

상관계수는 통상 r로 표시되며 -1에서 +1 사이의 수치를 가진다. 위의 그림에서 알 수 있듯이 상관계수의 수치가 클수록 두 변수 사이의 선형관계는 크다고 볼 수 있다.

특정 선발도구(예측수단)의 타당도가 통계적으로 유의할지라도 해당 선발도구를 실제로 사용하기 어려울 수도 있다. 상관계수의 유의성은 상관계수의 강도(크기)뿐만 아니라 표본의 크기에도 달려 있으므로 표본이 크다면 적은 크기의 상관계수도 유의할 수 있다. 따라서 조직도 특정 선발수단을 사용하기 전에 통계적 유의성뿐만 아니라 상관계수의 강도도 고려하여야 한다.

4-4 내용타당도 검증

내용타당도 검증(content validation)은 예측수단의 질문문항들이 실제 직무에서 발생하는 얼마나 잘 대표하는가를 조사하는 과정이다. 따라서 내용타당도 검증에서는 타당도 계수를 구할 수 없다는 점에서 실증타당도 검증과는 중요한 차이가 있다. 내용타당도 검증에서는 예측수단과 준거 사이의 상관계수가 어떨 것인가에 대한 판단을 행하여야 한다.

4-4-1 내용타당도 검증절차

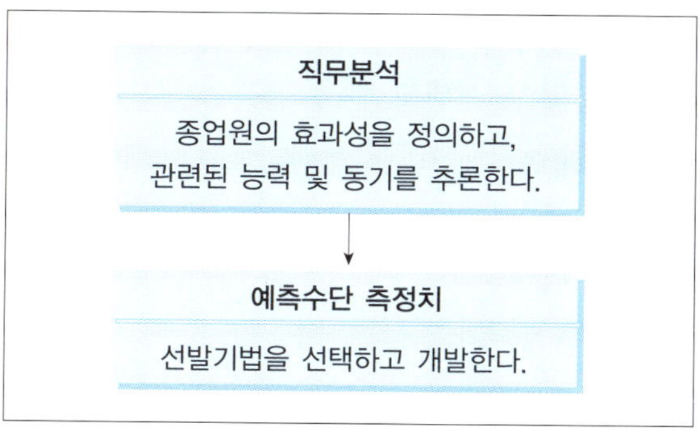

내용타당도 검증은 직무분석을 통하여 직무수행에 필요한 능력과 동기를 식별한 후, 이를 측정할 예측수단을 개발하는 것이다.

4-4-2 사용 시기

내용타당도 검증은 기본적으로 실증타당도 검증을 실행하기 어려운 상황에서 실시된다.

① 표본의 수가 너무 적을 때

② 기준에 대한 측정치가 없을 경우(예 새로운 직무 등)

Ⅴ. 선발의사결정

5-1 의 의

선발은 채워야 할 직위보다 자격 있는 지원자가 더 많은 경우에 의미가 있다. 따라서 선발은 선택(choice)을 의미하며, 또한 배제(exclusion)를 의미한다. 따라서 선발의사결정은 개인이나 조직에 매우 중요하다.

5-2 선발의사결정시 고려할 사항

5-2-1 타당도 계수

예측치와 가중치 사이의 상관계수

5-2-2 다른 예측치들과의 상관계수

한 예측치가 유용하기 위해서는 직무성공을 예측하는 데 도움이 되어야 한다. 즉, 기존의 예측치들의 예측력에 더해서 예측력을 강화시킬 수 있어야 한다. 일반적으로, 한 예측치는 다른 예측치들과는 낮은 상관관계가 있고, 기준치와는 높은 상관관계가 있을 때 유용하다고 볼 수 있다.

5-2-3 부정적 영향(adverse impact)

한 예측치가 소수집단(예 여성이나 장애인)에 더 많은 부정적 영향을 미친다면 이것은 법적 소송을 야기할 수 있다. 따라서 예측치들의 타당도가 동일하다면 여성이나 소수집단에 부정적 영향이 적은 예측치를 사용하여야 한다.

5-3 선발의사결정과 선발결과

예측수단과 기준점수에 의한 선발의사결정의 유형을 다음 그림을 통해 살펴보자.

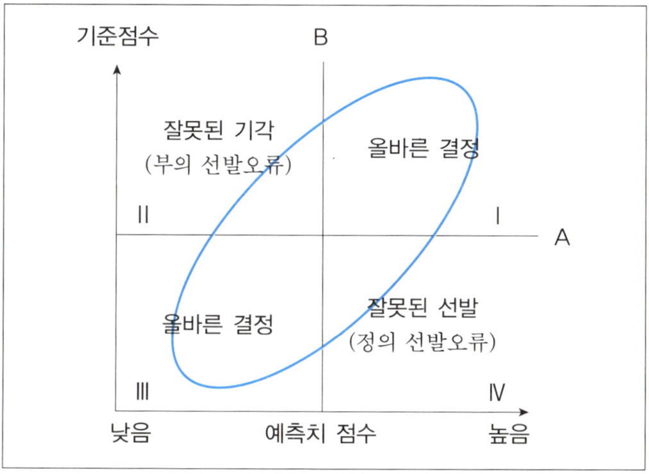

위 그림은 예측수단과 기준점수들 사이의 관계에 대한 분산도를 나타내고 있다. 예를 들어, 예측타당도 검증의 경우에 기준점수로는 인사평가 점수를, 그리고 예측치 점수로는 선발면접의 점수를 사용할 수 있다. 직선 A와 B에 의해서 분산도는 4분면으로 나누어지고 있다.

수평선 A는 기준에 있어서 성공적 종업원과 비성공적 종업원을 나누는 경계선을 의미하며, 수직선 B는 합격점수를 나타낸다. 점수가 B 이상인 지원자는 합격 그리고 점수가 B 이하인 지원자는 불합격을 의미한다.

사분면 Ⅰ은 예측수단에 있어서 합격선을 넘어섰고 또한 성공적으로 직무를 수행하는 사람들을 나타낸다. 만약 예측수단이 선발에 사용되었다면, 이들은 채용되었고 또한 훌륭하게 직무를 수행할 것이다. 이것은 올바른 채용결정을 의미한다. 역으로 사분면 Ⅲ은 합격선 이하의 점수를 받아 채용이 거절되었지만 만약 채용되었더라도 직무를 잘 수행하지 못했을 사람들을 나타낸다. 따라서 사분면 Ⅲ은 올바른 기각결정을 나타낸다.

사분면 Ⅱ와 Ⅳ는 잘못된 의사결정을 나타낸다. 사분면 Ⅱ는 채용되었다면 성공적으로 업무를 수행할 수 있으나 낮은 예측수단 점수에 의해 기각된 사람들을 의미한다. 이는 잘못된 기각(erroneous rejection)을 의미하며 잘못된 부(負)의 선발오류(false negative selection error)라고 불리운다. 사분면 Ⅳ는 예측수단의 점수에 의해 채용되었지만 직무를 성공적으로 수행하지 못한 사람을 의미하며, 잘못된 채용(erroneous acceptance) 또는 잘못된 정(正)의 선발오류(false positive selection error)를 나타낸다.

5-4 선발결과에 영향을 미치는 변수들

5-4-1 타당도 계수

타당도 계수는 이미 언급한 바와 같이 예측수단의 점수와 기준에 대한 점수의 상관관계를 의미한다. 다른 조건이 동일하다면 예측수단의 타당도 계수가 높을수록 의사결정의 정확성은 커진다.

다음 그림은 타당도 계수에 따라 의사결정의 질이 어떻게 달라지는지를 보여주고 있다. 의사결정의 정확성은 총지원자수 중에서 정확한 의사결정의 비율로 정의할 수 있다.

그림에 의하면 의사결정의 정확성은 $\frac{(A+C)}{(A+B+C+D)}$로 계산할 수 있다.

즉 타당도 계수가 높을수록, 다른 조건이 동일하다면, 잘못된 의사결정(B와 D)의 비율이 적어짐을 알 수 있다. 따라서 조직의 선

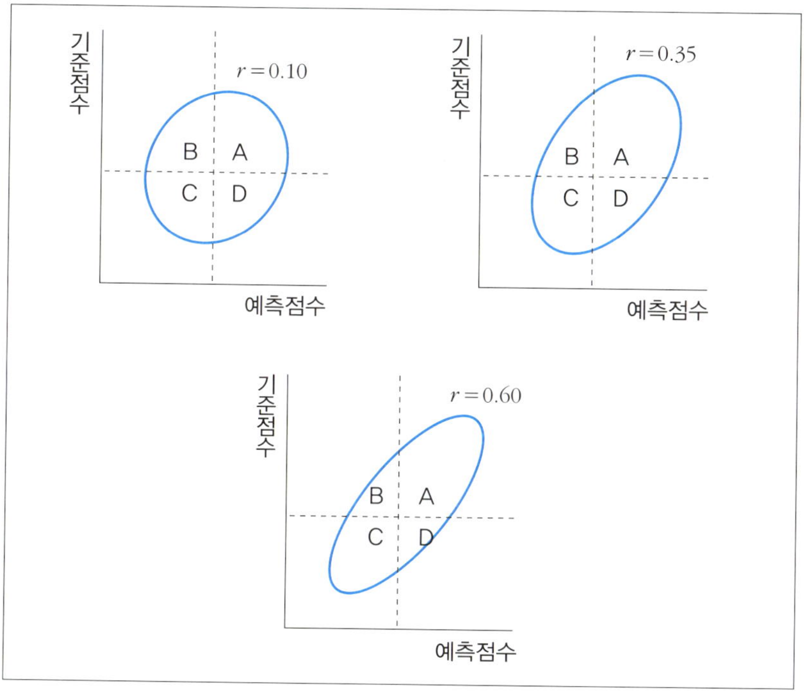

발의사결정의 정확성을 높이기 위해서는 제일 먼저 예측수단의 타당도를 높여야 함을 알 수 있다.

5-4-2 선 발 률

개념적으로 선발률은 총지원자 중에서 예측수단에 있어서 합격점 이상을 획득한 지원자의 비율로 정의할 수 있다. 실무에 있어서는 총지원자 중 실제로 재용된 사람들 수의 비율로 선발률을 계산하는 것이 보통이다.

$$\text{선발률}(SR) = \frac{\text{신규채용자수}}{\text{총지원자수}}$$

따라서 선발률은 0(어떤 지원자도 채용하지 않음)에서 1(모든 지원자가 채용됨) 사이에 있다. 선발률이 채용의사결정의 질에 미치는 영향은 다음 그림에 제시되어 있다.

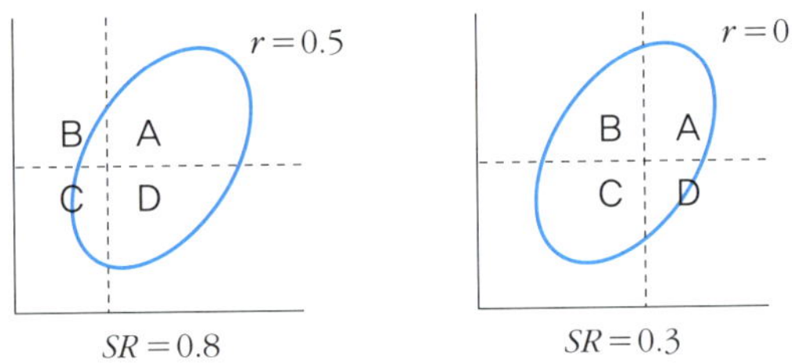

〈예 1〉 〈예 2〉

〈예 1〉과 〈예 2〉를 검토하여 보면, 다양한 측면에서 선발률이 선발의사결정에 영향을 미치는 것을 알 수 있다.

첫째, 선발률이 낮을수록 잘못된 기각은 늘어나지만 동시에 잘못된 채용도 줄어들고 있음을 알 수 있다. 즉, 〈예 1〉과 〈예 2〉를 비교할 때 B부분이 선발률이 낮아질수록 늘어나는 반면, D부분은 줄어든다.

둘째, 선발률이 낮아질수록 신규 채용자 중 잘못된 선발의 비율, 즉, $\frac{D}{(A+D)}$의 비율이 낮아짐을 알 수 있다. 따라서 다른 조건이 동일하다면, 선발률이 낮아질수록 성공적 종업원을 채용할 가능성이 높아짐을 알 수 있다.

따라서 모든 조직에게는 모집과정에 있어서 충분한 수의 지원자를 확보하여 선발률을 낮추는 것이 중요함을 알 수 있다.

5-4-3 기 본 율

기본율(base rate)이란 현재의 선발과정을 통하여 선발된 종업원 중 효과적인 종업원의 비율을 의미한다. 따라서 기본율도 0에서부

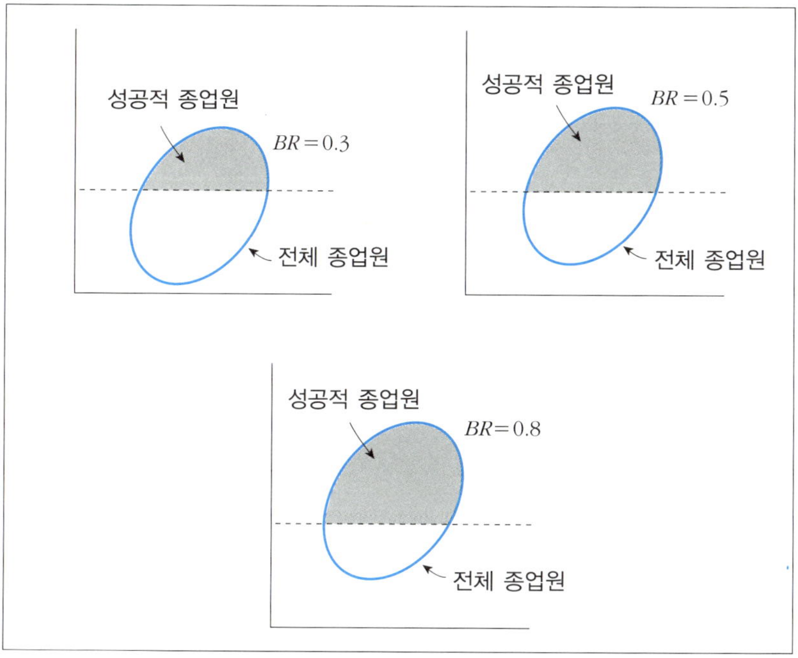

터 1 사이의 수치를 가진다. 아래 그림은 다양한 수준의 기본율을 나타내고 있다.

그림에서 제시하는 바와 같이, 기본율이 높을수록 선발도구에 의해서 기본율을 개선하기가 어렵다. 이것은 금을 제련하는 상황과 매우 유사하다. 금의 순도가 50%일 때 한번 더 제련함으로써 금의 순도를 상당히 높일 수 있으나, 금의 순도가 99%일 때 순도를 높이기 위해서는 상당한 노력과 비용이 들 것이다. 마찬가지로, 기본율이 0.8일 경우에는 기본율을 개선하기 힘들다.

5-4-4 타당도, 선발률 및 기본율의 조합

지금까지 개별적으로 타당도, 선발률 및 기본율을 살펴보았지만 실제로는 서로 결합하여 새로운 예측수단의 효용성에 영향을 미

BR = 30%			
(r)	(SR)		
	0.10	0.40	0.70
.20	43%	37%	33%
.40	58	44	37
.60	74	52	40
BR = 50%			
(r)	(SR)		
	0.10	0.40	0.70
.20	64%	58%	54%
.40	78	66	58
.60	90	75	52
BR = 80%			
(r)	(SR)		
	0.10	0.40	0.70
.20	89%	85%	83%
.40	95	90	88
.60	99	95	90

친다. 즉 새로운 예측수단의 효용성을 판단하기 위해서는 타당도, 선발률 및 기본율을 동시에 고려하는 것이 필요하다. 타당도, 선발률 및 기본율의 다양한 결합에 의한 성공한 종업원의 비율을 통계적으로 계산하여 정리해 놓은 것이 Taylor-Russell표이다.

기본율이 30%(BR=30%)로 되어 있는 경우를 고찰하여 보자. 세 개의 서로 다른 수치의 타당도와 세 개의 선발률이 제시되고 있다. 새로운 예측수단이 다양한 선발률의 결합에 의해서 결과할 수 있는 성공적 종업원의 비율이 표에 나타나 있다. 성공률(success rate)은 신규 채용자 수 중에서 성공적으로 직무를 수행하는 사람의 비율로, 즉 신규 채용자 중에서 '성공적 업무수행자의 수/신규 채용자의 수'를 말한다. 예를 들면, 타당도가 0.2, 그리고 선발률이 0.1일 경우에 새로 채용된 종업원의 43%가 성공적으로 직무를 수행할 것이 기대된다. 이것은 현재의 기본율이 30%이므로 13%의 개선효과를 의미한다. 앞의 표에서 제시하는 바와 같이, 타당도 계수가 일정하더라도 선발률이 증가함에 따라 성공적 종업원의 비율은 감소하여 새로운 예측수단의 효용성이 떨어짐을 알 수 있다. 또한 선발률이 일정할 때 타당도 계수가 증가함에 따라 성공적 종업원 비율(즉, 성공률)이 증가하며, 따라서 새로운 예측수단의 효용도 증가함을 알 수 있다.

앞의 표에서 $BR=50\%$와 $BR=80\%$는 $BR=30\%$와 동일한 타당도 계수와 선발률을 포함하고 있으며, 단지 기본율에서 차이가 있다. 우리는 이 세 가지의 기본율에 대해서 성공적 종업원 비율을 비교함으로써 기본율이 새로운 예측수단의 효용에 미치는 영향을 관찰할 수 있다. 기본율이 높은 경우, 새로운 예측수단이 효용이 있기 위해서는 타당도가 상당히 높고 선발률이 아주 작아야 함을 알 수 있다.

5-4-5 기대표

선발률이 .20, .40 또는 .60 등일 때 성공적 종업원의 비율은 어떻게 될 것인가?

집 단	최저점수	100명의 신규 종업원 중 성공적인 비율
상위 20%	90	90%
상위 40%	80	75%
상위 60%	70	70%
상위 80%	55	60%
전 체	40	50%

기대표는 합격점수를 설정하는 데 유용하게 이용될 수 있다.

> **[용어정리]**
> 기대표(expectancy table): 예측치 수준별로 성공적 종업원의 확률을 나타낸 표

Ⅵ. 다수의 예측치를 결합하는 방법

하나의 예측치만으로 선발을 실시하는 기업은 드물다. 조직은 보통 둘 또는 그 이상의 예측치를 이용하여 선발을 실시하므로 조직은 이들 예측치를 어떻게 결합할 것인가를 결정하여야 한다.

예측치(즉, 선발수단)들을 결합하는 방법으로는 크게 보상법(compensatory method), 장애물법(multiple hurdles method) 그리고 혼합법이 있다.

6-1 보 상 법

보상법은 예측치들의 점수를 더해서 총점수를 구하는 방법이다. 더하기는 한 예측치의 낮은 점수가 다른 예측치의 낮은 점수를 보상한다. 예를 들어, 한 학생이 영어 20점, 수학 90점을 받는다면 단순한 더하기에서 총점이 110점이 되어 수학에서의 높은 점수가 영어에서의 낮은 점수를 메꾸어 줄 수 있다.

[예측치 간 비중 결정]

(1) 동일비중(equal weighting)

$P_1 + P_2 + P_3 =$ 총점수

P_i: 예측치 i의 점수

(2) 합리적 비중(rational weighting)

경영자나 전문가들이 각 예측치들이 직무성공에 기여한다고 믿는 정도에 따라 비중을 설정한다.

$w_1P_1 + w_2P_2 + w_3P_3 =$ 총점수

P_i: 예측치 i의 점수

w_i: 예측치 i의 합리적 비중

(3) 다중회귀(multiple regression)

$a + b_1P_1 + b_2P_2 + b_3P_3 =$ 총점수

P_i: 예측치 i의 점수

a: 절편

b_i: 예측치 i의 통계적 비중

6-2 장애물법

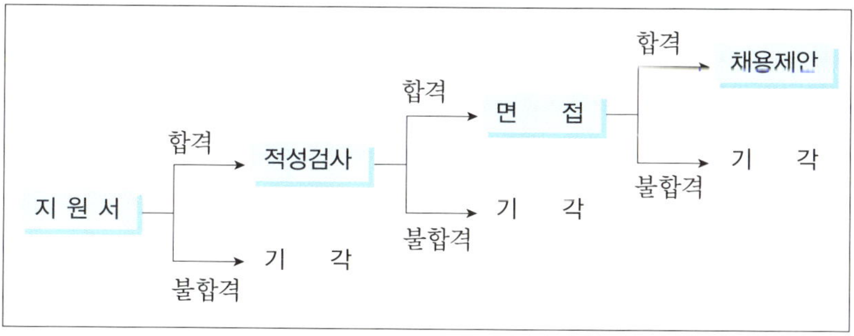

선발의 다음 과정으로 진행하기 위해서는 전 단계의 예측치에서 합격점수를 받아야 한다. 이 경우, 한 예측치의 낮은 점수는 다른 예측치에서의 높은 점수에 의해 보상을 받지 못한다.

6-3 혼합법(combined method)

[보상법과 장애물법을 동시에 사용]

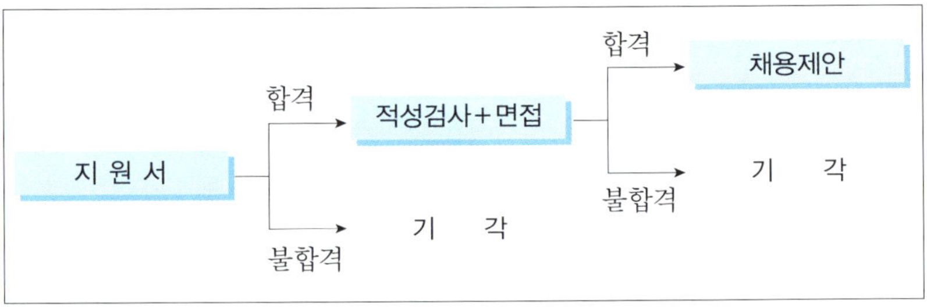

혼합법은 통상 장애물법으로 시작하여 보상법으로 마친다.

연습문제

1. 타당성 계수, 선발률, 기본율 그리고 성공률의 관계를 설명해 보시오.

2. 면접의 장점과 한계점, 최선의 활용방안을 설명해 보시오.

3. 실증타당도 검증에 대한 설명으로 틀린 것은?

① 실증타당도 검증은 선발도구의 점수와 직무성과 측정치 사이의 연관성을 검토하는 것으로 내용타당도 검증보다 복잡하다.

② 실증타당도 검증은 내용타당도 검증보다 타당도에 대한 증거력이 약하다.

③ 직무분석의 결과는 기준 설정과 선발도구 개발에 활용된다.

④ 타당도 검증을 행하기 위해서는 예측수단과 기준에 대한 측정치가 지원자나 현재의 종업원으로부터 획득되어야 한다.

⑤ 실증타당도 검증은 '직무분석→ 기준측정치 개발 → 예측수단 측정치 개발 → 예측수단 → 기준 사이의 관계분석 → 타당도 계수 도출'의 과정을 거친다.

4. 다음 중 동시타당도에 대한 설명에 해당되지 않는 것은?

① 관리적 측면에서 볼 때 시간이 적게 소요되며 편리하다.

② 범위제한이 발생할 수 있다.

③ 현재의 종업원으로부터 예측수단 측정치와 기준 측정치를 모두 얻을 수 있다.

④ 현재의 종업원의 예측수단에 대한 점수는 현 직무로부터의 경험이나 훈련에 의해 영향을 받을 수 있다

⑤ 정답이 없다.

참고문헌

Gatewood, R. D. and Field, H. S.(1998), *Human Resource Selection*, 4th ed., The Dryden Press.

Heneman Ⅲ, H. G., Schwab, D. P., Fossum, J. A. and Dyer, L.(1986), *Personnel/Human resource Management*, Homewood, IL. : Irwin.

Heneman Ⅲ, H. G. & Heneman, R. L.(1994), *Staffing Organizations*, Mendota House, WI.

Noe, R. A., Hollenbeck, J. R., Gerhart, B. and Wright, P. M.(2003), *Human Resource Management: Gaining A Competitive Advantage*, McGraw-Hill/Irwin.

Taylor, H. C. & Russell, J. T.(1939), The Relationship of Validity Coefficients to the Practical Effectiveness of tests in selection: Discussion and tables, *Journal of Applied Psychology*, 23, 565-578.

제 11 장

선발기법

Ⅰ. 선발기법의 유형
Ⅱ. 선발기법 소개

●학습목표●

본 장에서는 선발의사결정을 하는 데 있어서 예측수단(predictor)인 선발기법들에 대해서 이해하고자 한다.

선발(selection)은 경제적뿐만 아니라 전략적으로도 조직에게 심각한 영향을 미치므로 선발 의사결정은 신중하게 이루어져야 한다. 지원자들이 신체 및 심리적 특성에서 차이가 없다면, 외부에서 인력을 충원하는 데 선발은 그다지 필요하지 않을 것이다. 왜냐하면 지원자들이 지식, 능력, 숙련 및 기타 특성에서 동일하다면 우리는 모든 지원자(applicants)에 대해서 동일한 성과수준을 기대할 수 있기 때문이다.

조직은 선발결정을 하는 데 있어서 시험 또는 검사(tests), 지원서(applica-tion blank), 면접(interview) 그리고 직무경험 등과 같은 다양한 선발도구(selection instrument)를 활용한다. 이러한 선발도구들을 예측수단(predictor)이라고 한다. 선발도구는 지원자 중에서 누가 효율적인 종업원이 될 수 있는가를 예측하기 위하여 활용된다.

따라서 본 장에서는 역할(직무)의 자격요건과 보상에 비추어 지원자의 역량과 동기를 평가하는 데 활용되는 다양한 선발기법(선발도구)들에 대해서 알아보고자 한다.

Ⅰ. 선발기법의 유형

실무에 있어서는 다양한 선발기법들이 활용되고 있다. 선발과정에 따른 인력흐름과 사용하는 선발기법의 전형적 유형은 다음과 같다.

[선발과정에 따른 인력흐름과 선발기법의 종류]

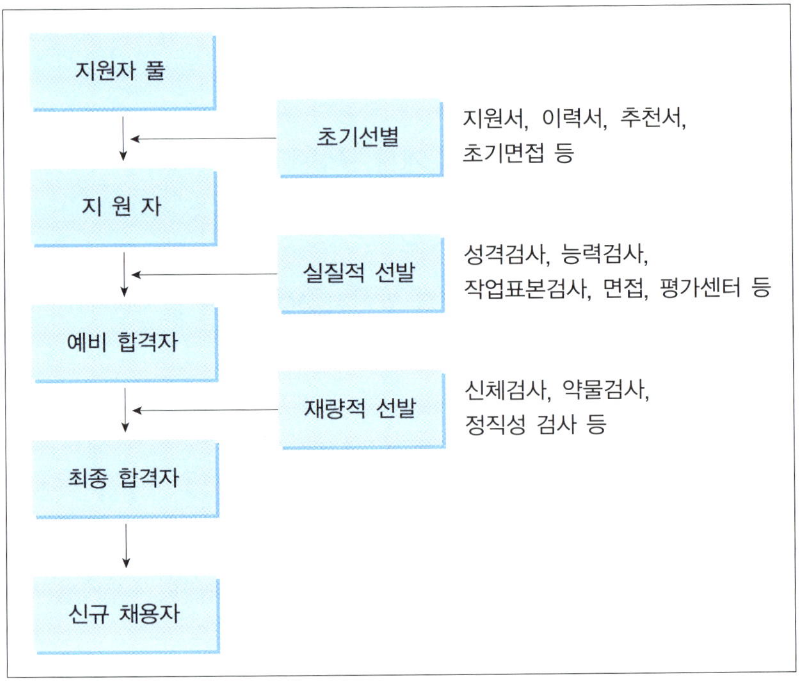

1-1 초기선별(initial assessment method)

초기선별은 모집에 의해 확보된 초기의 지원자 집단 중 추후의 선발과정에서 고려될 수 있는 최소한의 자격요건을 갖춘 지원자를 식별하는 것이다. 평가방법으로는 지원서(application blanks), 가중지원서(weighted application blanks), 이력서(resume), 추천서, 생애정보(biographical information blanks) 등이 있다.

1-2 실질적 선발(substantive assessment method)

실질적 선발은 최소한의 자격요건을 지닌 사람 중에서 조직에 적합한 사람을 추가적인 방법으로 식별하는 것이다. 평가방법으로는 성격검사(personality test), 능력검사(ability test), 작업표본검사(work sample test), 면접(interview) 그리고 평가센터(assessment center) 등이 있다.

1-3 재량적 선발(discretionary assessment method)

재량적 선발은 예비 합격자에게 적용되며, 채용직종이나 조직에 따라 생략될 수도 있다. 이것은 이미 조직이 충분한 자격요건이 있다고 여겨지는 사람들에게만 시행되며 신체검사(physical test), 약물검사(drug test), 정직성검사 등이 포함된다.

Ⅱ. 선발기법 소개

우리나라 기업들이 현재 많이 사용하고 있거나 사용할 가능성이 큰 선발기법을 중심으로 소개하면 다음과 같다.

2-1 초기선발기법들

2-1-1 지원서(application blanks)

지원서는 고용에 대한 지원자의 공식적 의사표명이다. 조직은 지원서에서 고용의 적합성을 판단할 수 있는 정보를 지원자에게 요구하고 있다. 지원서에는 지원자의 성명, 주소, 전화번호, 주민등록번호 그리고 국적 등을 기재하여야 하며, 그 외에도 희망하는 직무의 종류, 작업시간(정규근무, 파트타임, 야간근무 등)에 대한 선호 그리고 이전 직장경험 등을 요구하고 있다. 후술하고 있는 이력서와 비교해서 지원서의 장점은 지원자가 아니라 조직이 어떠한 정보가 포함되어야 하는지를 결정하는 데 있다. 따라서 지원서를 설계할 때에는 직무성공에 중요한 정보가 무엇인가를 식별하여 지원서에 포함하는 것이 필요하다.

지원서는 다양한 개인적 특성에 관한 질문을 포함하고 있으므로 평등고용법에 위배되지 않도록 하여야 한다. 따라서 지원서의 항목을 설계할 때 ① 가능한 부정적 영향, ② 자격 있는 지원자를 식별하는 데 있어서 정보가치, ③ 법규나 정부방침과의 위배여부, ④ 사생활 침해 가능성 그리고 ⑤ 해당 정보가 직무성과와 관련이 있다는 증거 여부 등을 고려하여야 한다. 지원서와 관련된 가장 기본적인 이슈는 지원자가 지원서에서 제공한 정보가 과연 어느 정도로 정확한가, 즉 타당도(validity)이다. 일반적으로 지원서는 직무성과와 근속기간을 예측하는 데 높은 타당도를 보이고 있다.

2-1-2 가중 지원서(weighted application blanks)

지원서에 포함된 정보들은 선발의사결정을 하는 데 있어서 분명히 도움이 되지만, 지원서를 누가 검토하느냐에 따라 개인적 편견이 개입될 여지가 있으며 또한 지원서에 포함된 정보들의 상대적 비중이 다를 수 있다. 따라서 이러한 오류를 보완하기 위해서 통계적 기법을 이용해서 경험적 가중치를 부여한(empirical scoring) 가중 지원서가 활용되고 있다. 이러한 가중 지원서는 ① 유사한 활동을 많은 종업원들이 수행하는 경우, ② 개별 종업원들에 대한 적절한 인사기록이 유용한 경우, ③ 장기간에 비용이 많이 드는 훈련 프로그램이 요구되는 경우, ④ 이직률이 높은 경우, ⑤ 지원자가 많은 경우, ⑥ 지원에 대한 면접과 시험에 비용이 많이 드는 경우 등에 유리하게 활용될 수 있다.

2-1-3 이력서(resumes)

관리직이나 전문직의 경우에 일반적으로 지원자는 자신의 자격요건을 포함하는 이력서를 제출하는 것이 보통이다. 사용자는 통상 이력서를 통하여 지원자를 처음 접하게 된다. 따라서 이력서는 전문적이고 유능한 인상을 제공할 수 있어야 하기 때문에 간결하고 정확하고 균형 있게 작성되어야 한다.

조직의 입장에서 보면, 이력서는 지원서와 유사하다. 사용자는 유용한 선발정보를 얻기 위하여 이력서를 검토한다. 또한 지원서와 마찬가지로 체크리스트를 개발하여 체크항목에 비중을 두어 구조화를 꾀할 수도 있다.

2-1-4 생애정보(biographical information blanks)

가중 지원서에서 활용되는 항목은 직무행위의 여러 중요한 측면을 예측하는 데 가치가 있는 것으로 입증되었다. 그러나 지원서의 경우 단기적이며 비체계적인 경향이 있기 때문에 많은 조직심리학자들은 중요한 직무행위의 예측과 이해가 지원자와 그들의 배경(background)에 대한 심도 있는 연구에 의해서 강화될 수 있다고 생각하였다. 그들은 미래 행위는 과거 행위에 의해 예측될 수 있다고 가정하였으며, 선발의사결정에서 성공적 종업원의 예측을 위한 수단으로서 생애정보를 활용하기 시작하였다.

생애정보는 교육경험, 취미, 가족관계, 여가시간 활용, 건강,

그리고 업무경험 등 다양한 주제(구성개념)를 포함한다. 생애정보를 활용하는 이점으로는 다음과 같다: ① 구조화된 선발면접에 의한 지원자의 정보수집 방식에 보완적 수단을 제공, ② 성공적 선발에 대한 단순 예측을 넘어서서 효과적 종업원의 요인을 이해하는 데 도움이 되며, ③ 실증적으로 생애정보의 직무관련 질문항목은 선발 및 직무성공 예측의 훌륭한 척도—상대적으로 높은 신뢰도와 타당도—로 입증되고 있다. 그러나 이러한 높은 타당도에도 불구하고 생애정보에서 활용되는 척도들의 이론적 하위 구성개념들의 구성에 대해서 아직까지 연구가 미흡한 실정이다.

생애정보를 수집하기 위한 질문항목 개발 절차는 ① 직무선정, ② 직무분석과 직무성공과 관련된 생애경험(life history experiences) 정의, ③ 생애경험의 가설 설정, ④ 생애정보 질문항목 개발, ⑤ 생애정보 질문항목의 예비검증 등의 순으로 이루지고 있다.

[용어정리]

구성개념(construct) : 과학적인 이론이나 설명을 위하여 조작적으로 만들어 낸 개념. 생애정보의 경우 선발 및 직무성공 측정을 위한 다양한 개념들, 즉 교육경험, 건강, 적응능력 등이 이에 포함된다.

2-2 실질적 선발기법

2-2-1 성격검사(personality tests)

성격검사는 인간이 특정한 방식으로 행동하는 성향(disposition)을 평가하는 방법이다. 따라서 성격검사는 개인과 환경과의 상호작용 유형을 결정할 수 있는 독특한 특성을 결정하는 데 활용된다. 다양한 성격적 특성이 있지만 5개의 주요 특성—외향성(extroversion), 심리적 안정성(emotional stability), 친화성(agreeableness), 성실성(conscientiousness) 그리고 경험개방성(openness to experience)—이 수 년간 검토·활용되어 왔다.

성격검사는 지원자가 속이기 쉽기 때문에 검사항목의 관리가 매우 중요하다. 즉, 지원자들은 자신의 신념보다는 조직이 원하는 방식에 따라 반응한다. 다행히 속임수를 발견할 수 있는 척도를 사용하거나 지원자에게 속임수를 경고함으로써 속임수를 줄이려고 하고 있다.

그러나 속임수 가능성 이외에도 성격검사를 선발에 사용하는 것은 다음과 같은 문제점이 있다. 첫째는, 검사항목들에 의해서 개인의 프라이버시를 침해할 가능성이 있다. 둘째는, 성공적 직무수행을 위해서 하나의 구체적인 성격유형만이 필요한 직무는 거의 없다.

[성격 측정항목의 예]

외향성: "나는 내가 생각한 것을 말하지 않는 경향이 있다."
심리적 안정성: "혼자 있을 때에는 언제나 나약하다."
친화성: "나는 다른 사람들을 신뢰하는 경향이 있다."
성실성: "나는 대부분의 나의 업무를 안정적이고 지속적으로 접근한다."
경험개방성: "나는 낯설은 새로운 식당에서 식사하는 것이 즐겁다."

2-2-2 능력검사(ability test)

능력검사는 개인이 특정한 방식으로 기능할 수 있는 능력을 평가하는 데 목적이 있다. 능력검사가 직무수행에 주요한 결정요소를 평가하므로 능력검사는 선발상황에 있어서 광범위하게 활용되고 있다. 능력검사는 인지능력(cognitive ability), 심리운동능력(psychomotor ability), 신체적 능력(physical ability), 감각지각능력(sensory/perceptual ability)의 4가지 유형이 있다.

각각의 내용을 살펴보면, 인지능력은 지각기억(perception memory), 추리(reasoning), 아이디어 표현 등과 같은 사고(thinking)와 관련된 능력을 의미한다. 심리운동능력은 사고와 신체적 운동 사이의 연관성을 의미한다. 신체적 능력은 강도(strength), 균형 그리고 지구력(stamina)을 의미한다. 마지막으로 감각지각능력검사는 자극의 식별과 인식(recognition)을 포함한다. 그 예로 종이접기검사가 있으며 다음에 제시되어 있다. 이는 공간적 시각화 검사(test of spatial visualization)를 위한 것이다.

[종이접기검사]

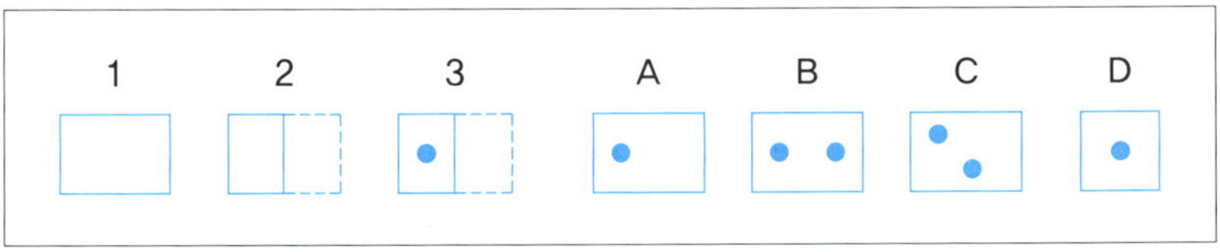

출처: Ackerman, P. L. & Kaufer, R.(1993), Integrating Laboratory and Field Study for Improving Selection: Development of a Battery for Predicting Air Traffic Controller Success, *Journal of Applied Psychology*. 78, 413-432.

2-2-3 작업표본검사(work sample test)

작업표본검사는 문자 그대로 직무의 대표적인 작업을 지원자에게 제시하여 완수하도록 요구하는 검사이다. 어떤 의미에서 작업표본은 직무의 소규모 복사판이라고 할 수 있다. 작업표본검사에 깔려있는 기본가정은, 직무성과의 가장 좋은 예측수단은 현실성 있는 작업환경에서 얻어진 성과표본이라는 것이다. 이 검사는 직무성과나 훈련프로그램의 성공을 예측하는 데 타당도가 높다.

작업표본은 행위작업표본(behavioral work sample)과 지식 및 스킬작업표본(knowledge and skill work sample)으로 광범위하게 구분될 수 있다. 각각의 특징을 살펴보면, 행위작업표본은 주요 과업을 수행하는 데 필요한 행위표본을 측정하는 데 비해서, 지식 및 스킬작업표본검사는 성공적인 작업성과에 필요한 지식이나 스킬을 측정하는 데 초점을 둔다. 작업표본검사 중 행위작업표본은 직무성과를 예측하는 데, 그리고 지식 및 스킬작업표본은 훈련프로그램에서의 성공을 예측하는 데 더 우수하다. 각 유형의 예는 다음에 제시되었다.

[작업표본검사의 예]

행위작업표본검사

- 타이핑과 워드프로세스 검사
- 속기 테스트
- 비행사에 대한 조종통제 테스트
- 포장 테스트
- 부품조립 테스트

지식 및 숙련작업표본검사

- 정보 및 기술지식 테스트
- 도표 및 설계도면해석 테스트
- 리더십적성 테스트
- 개인별 업무과제처리(in basket) 연습
- 소기업 모의 테스트
- 경찰관을 위한 판단 테스트

출처: Asher, J. J. & Sciarrino, J. A.(1974), Realistic Work Sample : A Review, *Personnel Psychology*, 27, 519-534.

2-2-4 면접(interview)

면접은 목적 있는 대화(conversation with purpose)이다. 선발에 있어서 면접은 지원자에 대한 능력과 동기를 평가하기 위한 것이다. 통상 지원서 등과 같은 다른 예측수단에 대한 정보는 면접자(interviewer)가 지원자에게 행하는 질문의 근거가 된다. 더욱이, 면접자는 지원자의 의사소통능력 등과 같은 다른 예측수단에 의해 얻어질 수 없는 독특한 정보를 추구하기도 한다.

면접의 두 번째 목적은 지원자에게 직무와 조직에 대한 정보를

[전형적 선발면접의 단계]

단 계	지 원 자	면 접 자
1. 사전단계	• 복장검토 • 현장도착 • 대기중 면접준비물 검토	• 이력서 검토 • 면접지침 검토 • 질문사항 준비
2. 인사 및 분위기 형성	• 인사 • 요청시 착석 • 좋은 인상	• 인사 • 착석요구 • 적절한 화제로 분위기 이완
3. 직무관련 질문	• 교육배경 제시 • 근무경험 제시 • 개인적 스킬과 능력 설명 • 직무에 대한 적절한 동기 제공	• 교육배경 요청 • 근무경험에 관련된 세부사항 요청 • 특수한 스킬과 능력 논의 • 지원자의 근무동기 파악
4. 지원자 질문에 대한 답변	• 임금 및 복지후생 질문 • 승진기회 및 조직문화 등 질문	• 조직입장에서 지원자 질문 응답 • 조직에 대한 긍정적 인상을 주기 위한 시도
5. 마무리	• 면접자로부터 끝났다는 신호를 기다림 • 다음 단계 논의	• 면접이 거의 끝나간다는 것을 보여줌 • 다음 단계는 무엇이 될지 설명 • 일어서서 인사

제공하는 것이다. 이 경우, 면접자는 단순히 지원자에게 정보를 제공하는 것이 아니라 직무나 조직의 장점을 설명함으로써 지원자를 설득하려 한다. 동시에 지원자인 피면접자(interviewee)도 자신의 능력과 동기를 설명하는 방편으로 면접을 활용하고자 한다. 채용면접을 단계별로 구분하여 각 단계별로 면접자와 지원자의 역할을 정리하면 앞의 표와 같다.

면접의 신뢰도와 타당도를 검토하기 위하여 상당수의 연구가 진행되어 왔다. 신뢰도는 자원자에 대한 평가의 일관성을 나타내며 평가자 간 신뢰도(interrater reliability)와 평가자 내 신뢰도(intrarater reliability)가 있다. 만일 이러한 신뢰도가 낮다면, 면접자들은 자신들의 예측에 대해서 서로 일치하지 않는 것이 된다. 따라서 면접평가는 직무수행에 대한 타당한 예측수단이 될 수 없다. 신뢰도가 높을 경우에는 타당도의 가능성이 증가한다. 그러나 면접자들이 타당하지 않은 이유에 의해서 평가가 일치할 수 있으므로 면접자간 신뢰도가 높다고 반드시 타당도가 있다고 볼 수 없다.

면접은 선발과정에서 가장 널리 사용되고 있는 기법이지만 상당히 많은 연구가 신뢰도와 타당도 측면에 있어서 면접의 부적절성을 시적하여 왔다. 면집을 개신하기 위힌 노럭은 면접자 훈련, 면접의 구조화 그리고 지원자를 평가하기 위한 척도개발로 크게 분류할 수 있다.

[용어정리]

평가자 간 신뢰도(interrater reliability): 동일한 피면섭자에 대해서 두 명 이상의 면접자의 평가가 일치하는 정도를 의미한다.

평가자 내 신뢰도(intrarater reliability): 동일한 피면접자를 서로 다른 시기에 평가했을 때 일치하는 정도를 의미한다.

(1) 면접자 훈련

면접은 기본적으로 면접자와 피면접자 간의 상호과정(interactional process)이므로 면접훈련 프로그램은 상호작용 과정 자체가 원활히 이루어지도록 초점을 맞출 수 있다. 즉, 개방적 의사소통 분위기 창출, 일관성 있는 질문, 면접상황의 통제력 유지, 듣는 자세 개발, 적절한 필기, 비언어적 자극의 해석 및 통제 등이 그것이다.

이와 다른 유형의 훈련으로 먼저, 평가오류에 대한 설명 후 면접자들이 이들 오류가 자신의 의사결정에 어떻게 영향을 미치는가를 실습하는 것이다. 또 다른 유형은 면접오류보다는 면접의 정확성 증진에 초점을 두는 것으로서 면접에서 획득된 정보에 적절한 비중을 부여하는 방법을 훈련하는 것이다. 피면접자의 행위나 응답을 직관이 아니라 체계적인 척도에 의해 평가하는 방법을 훈련하는 경우도 있다.

(2) 면접의 구조화

만약 면접자들이 서로 다른 질문을 행하며 적절치 못한 정보에 초점을 맞추고 있다면, 이에 대한 적절한 대응책은 면접을 구조화하는 것이다. 구조화된 면접(structured interview)에서는 직무분석에 의해서 직무성공에 중요하다고 식별된 요인에 근거하여 질문항목을 설정한다. 따라서 면접자는 사전에 설정된 양식에 따라 피면접자에게 동일한 질문을 행한다.

2-2-5 평가센터(assessment center)

평가센터는 종업원 선발이나 경력개발을 위해 활용되며, 이는 종업원의 승진가능성이나 개발가능성에 대하여 정보를 체계적으로 수집하고 처리하기 위한 것이다. 평가센터는 다양한 기법을 활용하여 종업원의 지식, 스킬, 능력과 기타 특성(KSAOs)을 측정하고자 한다.

선발에 활용되는 경우, 지원자가 직무에서 요구되는 행동을 어느 정도 수행하는가를 식별하는 데 초점을 둔다. 이러한 평가센터의 특징은 ① 직무분석을 근거로 하는 다수의 예측치들이 사용되며, ② 표준화된 환경을 제공하기 위해 직장외부에서 행해지며, ③ 평가자들을 훈련하고 표준화된 양식을 사용하게 하며 그리고 지원자에 대한 종합평가회의에 평가자들을 참여시켜 합의를 보게 함으로써 평가결과에 대한 신뢰도를 증진시키고자 하며, 그리고 ④ 이런 평가결과를 선발이나 경력개발에 사용하는 데 있다.

[용어정리]

KSAOs: 지식, 스킬, 능력과 기타 특성을 의미하며 보통 Knowledge, Skill, Ability, Other characteristics의 첫 글자를 배열하여 KSAOs로 사용한다.

[평가센터에서의 행위차원 척도 예]

차 원	정 의
구두 의사소통	개별적 또는 집단적 상황에서 자신의 의사를 효과적으로 표현하는 것(몸짓과 비언어적 의사소통 포함).
계획 및 조직화	특정 목표를 달성하기 위해서 자신 또는 다른 사람의 일련의 행동(action)을 설정하는 것; 적절한 인력배분 및 자원할당을 계획하는 것
권한위양	부하직원을 효과적으로 활용하는 것; 의사결정 및 그 이외의 책임을 적당한 부하직원에 배분하는 것
통 제	부하직원의 업무프로세스, 과업 또는 활동, 직무활동 및 책임을 감시하고 규제하기 위해 절차를 설정하는 것; 권한위양된 할당업무 및 프로젝트의 결과를 감시하기 위해 행동을 취하는 것
결 단 력	의사결정 의향을 표명하고, 판단을 내리고, 행동 또는 놀입을 하는 것

주 도 력	활동적으로 목표달성을 위한 영향력 행사 노력시도; 수동적 수용보다는 적극적 행동을 보여주는 것; 목표달성을 위한 행동; 행동의 구심점
스트레스에 대한 인내력	압력 또는 반대를 무릅쓰고 안정적 성과유지
적 응 력	다양한 과업, 책임 또는 사람 등, 변화무쌍한 환경에서 효과성 유지
끈 기 력	희망하는 목표달성 때까지 행동계획을 유지하는 것

출처: Gatewood, R. D. & Field, H. S.(1998), *Human Resource Selection*, Dryden.

2-3 재량적 선발기법

재량적 선발기법은 최종 합격자를 선정하기 전에 실시되며, 지식, 스킬, 능력과 기타 특성(KSAOs) 자체보다는 다른 요소를 평가하고자 한다. 따라서 모든 직무나 직종이 재량적 선발을 필요로 하는 것은 아니다. 재량적 선발기법에는 신체검사(physical test), 약물검사(drug test) 그리고 정직성 검사(honesty test) 등이 있다.

2-3-1 신체검사(physical test)

신체검사는 직무수행에 장애가 되는 신체적 또는 정신적 장애를 가진 사람을 선별해 내기 위하여 행해진다. 또한 신체검사는 고용 전 신체적 또는 정신적 상태를 식별함으로써 추후에 종업원의 주장에 대해 조직을 보호하고자 하는 목적도 지니고 있다.

2-3-2 약물검사(drug test)

조직은 종업원들에게 건전하고 안전한 작업환경을 제공할 책임이 있다. 또한 약물중독은 결근이나 안전사고와도 관련이 있다.

2-3-3 정직성 검사(honesty test)

상품이나 현금을 다루는 종업원에 의한 절도가 점점 중요한 사회적 문제가 되고 있다. 따라서 앞으로는 정직성 검사가 늘어날 것으로 예상된다. 정직성 검사는 필기시험과 거짓말탐지기검사(polygraph test) 두 가지 유형이 있다.

필기시험은 일련의 측정항목을 통하여 절도에 대한 지원자의 태도나 의견을 측정하고자 한다. 거짓말탐지기는 질문에 대한 신체적 변화를 측정함으로써 거짓의 여부를 평가한다. 특수한 경우를 제외하고는 아직 우리나라에서는 거짓말탐지기가 사용된 적은 드물다. 미국에서도 특수한 경우를 제외하고는 거짓말탐지기 사용이 불법화되어 필기시험에 의한 평가가 더 널리 사용되고 있다.

연습문제

1. 지원서와 생애정보와의 공통점과 차이점에 대해서 기술하시오.

2. 면접기법의 신뢰도를 높이기 위한 방법에 대해서 논하시오.

3. 다음 중 작업표본검사의 유형 중 행위작업표본검사의 방법이 아닌 것은?

   ① 타이핑과 워드프로세스 검사
   ② 속기 테스트
   ③ 경찰관을 위한 판단테스트
   ④ 비행사에 대한 조정통제테스트
   ⑤ 포장테스트

4. 다음 중 면접의 종류에 대한 설명으로 틀린 것은?

   ① 정형적 면접은 지시적 면접으로도 불리우며 면접자 주도형이다.
   ② 비지시적 면접에서는 면접자에게 고도의 질문기법과 훈련이 요구된다.
   ③ 하나의 면접자가 다수의 피면접자를 평가하는 방법으로 패널면접이 있다.
   ④ Stress면접은 면접자가 피면접자를 무시함으로써 피면접자의 인내도 등을 관찰하는 방법이다.
   ⑤ 최근에는 리더십 있는 인재를 발굴하기 위한 '그룹 인터뷰'가 활용되고 있다.

참고문헌

유석인(2006), 요인분석방법을 이용한 전기자료(bio data)의 구성개념 추출 및 타당화 검증, 성균관대학교 대학원 박사학위본문.

Ackerman, P. L. & Kaufer, R.(1993), Integrating Laboratory and Field Study for Improving Selection: Development of a Battery for Predicting Air Traffic Controller Success, *Journal of Applied Psychology*. 78, 413-432.

Asher, J. J. & Sciarrino, J. A.(1974), Realistic Work Sample: A Review, *Personnel Psychology*. 27, 519-534.

Burrick, M. R. & Mount, M. K.(1991), The Big Five Personality Dimensions and Job Performance: A Meta-Analysis, *Personnel Psychology*. 44, 1-26.

Gatewood, R. D. & Field, H. S.(1998), *Human Resource Selection*, Dryden.

Heneman Ⅲ, H. G. & Heneman, R. L.(1994), *Staffing Organization*, Mendota House, WI.

Hough, L. M., Eaton, N. K., Dunnette, M. D., Kamp, J. D. & McVloy, R. A.(1990), Criterion-related Validities of Personality Constructs and The Effects of Response Distortions on Those Validities, *Journal of Applied Psychology*. 75, 581-595.

제 12 장

내부충원 및 이직

●학습목표●

조직은 동태적 환경변화에 대응하기 위하여 지속적으로 내부인력을 조정할 필요가 있다. 다양한 내부인력 조정방법이 어떠한 의의가 있는지를 이해할 필요가 있다.

Ⅰ. 조직내부인력 흐름의 유형

조직은 승진이나 전환배치를 통하여 공석인 직무를 내부적으로 충원하고자 한다. 또한 잉여인력을 제거하기 위하여 정리해고를 하며 성과나 태도에 문제점이 있는 종업원은 해고를 통하여 정리하고자 한다.

마지막으로 조직에 젊은 인력을 유입하여 활력을 불어넣기 위하여 퇴직제도를 실시한다.

[조직내부의 인력흐름과 조직목표 사이의 연계성]

활 동	목 표			
	공석인 직무의 내부충원	잉여인력의 제거	성과 및 태도상 문제점 교정	조직활력 유지
내부배분과정				
• 승 진	○			
• 전환배치	○	△	△	
이식과성				
• 정리해고		○		
• 해 고			○	
• 퇴 직		△		○

○: 해당 목적달성을 위한 주된 활동
△: 해당 목적달성을 위한 보조적 활동

출처: Heneman Ⅲ, H. G. & Heneman, R. L.(1994), *Staffing Organizations*, Mendota House, 344.

[용어정리]

내부충원: 내부인력배분과정과 이직과정을 통하여 조직 내 적정 인력구조를 달성하는 과정

내부인력배분과정(internal allocation process): 조직 내에서 개인과 직무를 동태적으로 적합해 가는 과정

이직과정(separation process): 조직구성원이 조직을 떠나가는 과정

Ⅱ. 개인과 직무의 동태적 적합

선발시 종업원의 능력과 직무가 아무리 잘 적합되었다 할지라도 종업원의 업무숙달, 조직구조의 변화, 기술의 발달 등 시간의 흐름에 따라 종업원과 직무 사이의 균형은 깨지기 쉽다.

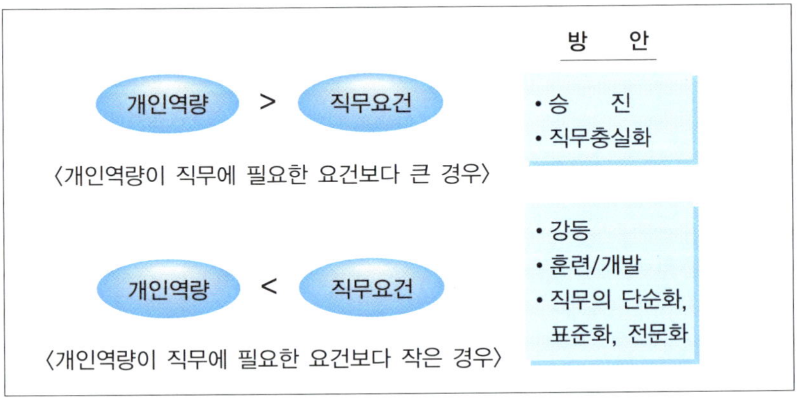

Ⅲ. 승 진

3-1 의 의

승진은 효과적인 동기유발수단임과 동시에 조직구성원을 훈련하고, 선별(screening) 그리고 배치하는 기능도 수행한다.

3-2 승진의 역할

① 인센티브: 승진은 통상 더 많은 권력(power)과 보상을 수반한다.
② 제 3자에 시그널(signal): 승진은 다른 조직구성원들에게 조직이 가치 있게 여기는 특성이나 행동을 알리는 역할을 한다.
③ 직무상 훈련: 승진단계는 핵심적 직무에 조직구성원을 배치하기 전에 여러 단계의 낮은 직무를 수행하도록 하여 깊은 지식을 갖게 한다.
④ 배치: 사람이 변하면(예 능력증대), 담당직무도 바뀌어야 한다(예 승진).
⑤ 선별(screening): 조직구성원에 대해 단계적으로 거르는 역할을 수행한다.

3-3 승진과 관련된 딜레마들

① 딜레마 1: 신속한 승진은 종업원들이 현 직책에서 충분히 학습할 기회가 부족하고 조직은 또한 조직구성원으로부터 수익을 창출할 기회를 잃어버리게 된다.

② 딜레마 2: 조직은 충성심과 연공을 보상하면서도 성과를 강조하길 원한다. 그러나 충성심이 높거나 연공이 많은 사람이 반드시 높은 성과를 보이는 것은 아니다.

③ 딜레마 3: 조직의 고위직책이 내부적으로 충원된다면, 승진결정은 능력이 부족하더라도 고위직책에 도달될 가능성이 높은 젊은 종업원에게 유리하게 작용한다.

3-4 승진과 관련된 부정적 결과들

① 승진은 단속적(discrete)이어서 동기유발에 부정적 영향을 미치기 쉽다: 승진에 누락된 종업원은 실망이 커서 일할 의욕을 잃기 쉽다.

② 승진은 토너먼트(tournament)식이어서 경쟁자들 간 협력을 저해할 수 있다.

③ 승진에 실패한 종업원들도 조직에 훌륭한 자원이 될 수 있다: 능력은 있지만 자리가 없어 승진이 안 될 수도 있다.

3-5 승진자 결정

승진대상자를 모집하고 결정하는 데는 개방시스템(open system)과 폐쇄시스템(closed system)이 있다.

[개방형 및 폐쇄형 내부충원시스템의 과정 비교]

개방형 내부충원시스템	폐쇄형 내부충원시스템
• 경영자는 공석인 직무를 HR부서에 통보	• 경영자가 공석인 직무를 HR부서에 통보
• HR부서는 직무공모 실시	• HR부서는 지원자 식별을 위한 종업원 목록 탐색
• HR부서는 지원서 접수	
• 경영자는 지원서 선별	• HR부서는 경영자에게 직원 목록 통보
• HR부서는 지원자 목록을 경영자에게 통보	
• 경영자는 지원자 면접 실시	• 경영자는 지원자 면접 실시
• 경영자의 의사결정 및 HR부서에 통보	• 경영자의 의사결정 및 HR부서에 통보

폐쇄시스템에서는 지원자를 모집하는 주된 책임은 공석인 직무의 경영자에게 있다. 경영자는 자신의 경험과 지식에 의존하여 비공식적으로 탐색한다. 자신의 부하들 중에 잠재적 지원자가 있는 경영자들은 지원자를 추천할 수 있다.

개방시스템하에서 경영자의 자유재량은 어느 정도 줄어든다. 개방시스템에서는 공석인 직무의 경영자는 공개적으로 공석인 직무의 자격요건을 공표한다. 이것을 직무공모제(job posting)라고 한다. 최소 자격요건을 충족하는 종업원은 자유롭게 지원할 수 있으며 때때로 자신의 상급자에게 지원 사실을 알리지 않아도 된다. 모든 지원자는 고려대상이 되며 떨어진 경우에는 그 이유를 통보받는다. 이러한 피드백은 종업원들의 개발노력에 방향을 제시하여 다음에 다시 지원할 수 있게 한다.

폐쇄 또는 개방시스템 중 어떤 것을 선택할 것인가는 조직목표뿐만 아니라 조직의 규범과 가치에 의해 영향을 받는다. 조직은 폐쇄시스템을 통하여 신속성과 조직통제를 극대화할 수 있다. 반면에 개방시스템은 종업원에 참여기회를 부여하며, 특히 소수 집단에게도 동등한 기회를 부여할 수 있다. 그러나 관리비용은 증가될 것이다.

Ⅳ. 이직(separation)

이직(separation)이란 종업원 자신이나 사용자에 의해 고용관계를 종결하고 종업원이 조직을 떠나는 것을 의미한다.

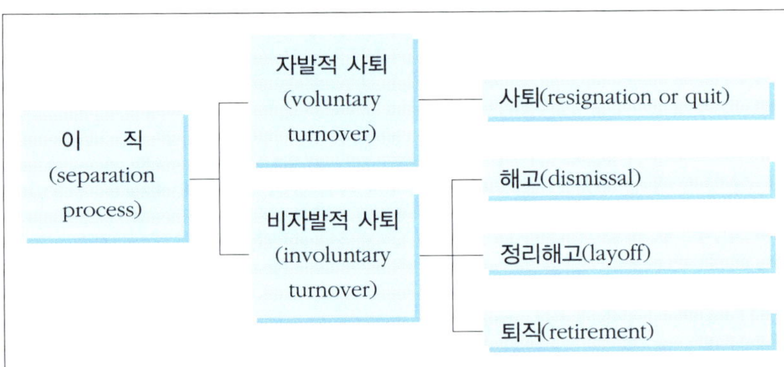

이직은 크게 자발적 사퇴(voluntary turnover)와 비자발적 사퇴(involuntary turnover)로 구분할 수 있다. 자발적 사퇴는 종업원들에 의해 주도되는 이직의사결정으로 사직(resignation)이라고도 한다. 반면에 비자발적 사퇴는 조직에 의해 주도되며 여기에는 해고(dismissal, or discharge), 정리해고(layoff) 그리고 퇴직(retirement)이 있다. 해고는 무능력, 규칙위반, 부정, 게으름, 장기결근, 불복종 그리고 수습기간(probationary period)을 통과하지 못하는 것들과 같은 개인적인 특수한 이유 때문에 발생한다. 반면에 정리해고는 특정 개인의 행위라기보다는 다수의 종업원을 감원하여야 할 조직의 필요성 때문에 발생한다.

4-1 이직분석

조직단위 간(예 영업부서, 공장 등) 비교를 위해서 사퇴율을 정기적으로 계산하는 것이 필요하다.

4-1-1 이직률 계산

공식 1

$$\frac{\text{해당기간 중 이직자수}}{\text{해당기간 중 평균종업원수}} \times 100$$

$$= \frac{\text{해당기간 중 이직자수}}{\frac{\text{기간 초 종업원수} + \text{기간 말 종업원수}}{2}} \times 100$$

예 해당 기간 중 이직자가 25명이고 기간 초 인력이 400명이고 기간 말 인력이 600명이라면, 이직률은,

$$= \frac{25}{\frac{400+600}{2}} \times 100 = 5\%$$

공식 2

이직률을 계산하는 다른 방법도 회피 가능한 이직(avoidable separation)만 고려하는 것이다. 회피 가능한 이직은 총이직에서

피할 수 없는 이직(unavoidable turnover)을 빼면 된다. 피할 수 없는 이직으로는 임신, 사망, 결혼, 학교로 복학 등을 들 수 있다.

예를 들어, 해당 기간 중 평균 종업원수가 500명이고, 총이직자가 25명이며 이 중 5명이 '피할 수 없는 이직'이라면,

$$\text{이직률} = \frac{25-5}{500} \times 100 = 4\%$$

가 된다.

우리가 이직을 분석할 때 이직률도 중요하지만 이직하는 종업원의 '질'도 분석하여야 한다. 만약 성과가 낮은 종업원이 이직한다면(이것을 기능적 이직(functional turnover)이라고 한다), 조직에 도움이 된다. 비생산적 종업원을 유지하는 비용은 새로운 종업원을 모집하고 훈련하는 비용보다 클 수가 있다.

4-1-2 이직비용 계산

이직비용=이직과정과 관련된 비용+교체비용
+훈련비용

[이직과정과 관련된 비용]

① 출구면접(exit interview): 떠나가는 종업원에 대한 면접에 드는 비용

② 관리 및 문서작성

[교체비용]

① 광고비

② 관리비용

③ 선발면접

④ 선발시험 등

[훈련비용]

① 책자, 매뉴얼 및 보고서
② 훈련비용
③ 일대일 코칭비용
④ 신규 채용자가 정상적으로 일할 수 있을 때까지의 임금 및 복지후생

Ⅴ. 정리해고

정리해고(layoffs)란 강제적 방법으로 인력을 감소하는 것을 말한다.

5-1 정리해고의 의의

① 정리해고의 목적: 인력구조의 효율성 재고를 통하여 시장에 있어서 기업의 위치를 개선하고자 하는 시도이다.
② 정리해고시 주의점: 기본적인 목적은 기업성과를 강화하기 위한 것으로 사업방식(즉, 사업전략, 조직구조나 업무프로세스 등의 개선)에 대한 변화 없이 인력감축만 시도하는 것은 효과적이지 못하다.

5-2 정리해고 발생사유

① 특정 사업부나 기능의 매각: 조직의 한정된 자원을 핵심역량에 집중하기 위해서

② 단층화: 조직의 신속한 의사결정과 유연성 증대를 위해 중간관리 계층 축소
③ 제품이나 기술변화로 인한 기존제품이나 기술의 진부화

5-3 정리해고와 관련된 내용

5-3-1 예상된 비용

① Buyout 비용(강화된 퇴직금, 결별금 등): 자발적 사퇴나 퇴직을 바람직하게 만들기 위하여 근로자에게 제공하는 보상패키지
② 외부배치(outplacement) 비용: 정리해고된 자가 새로운 직장을 찾을 수 있도록 재무적 및 심리적 상담이나 지원을 하는 기능

5-3-2 예상치 못한 비용

① 사기저하: 정리해고에서 살아남은 종업원들은 미래에 대한 불안감, 해고된 동료들에 대한 죄책감, 과중한 업무 등으로 고통을 받을 수 있다.
② 전문성 상실: 인력이 조직을 떠나가면 그와 함께 그가 지닌 노하우도 떠나게 된다.
③ 적응비용: 새로운 분위기, 새로운 업무절차 등에 적응하는 과도기에 발생하는 비용

5-4 정리해고절차

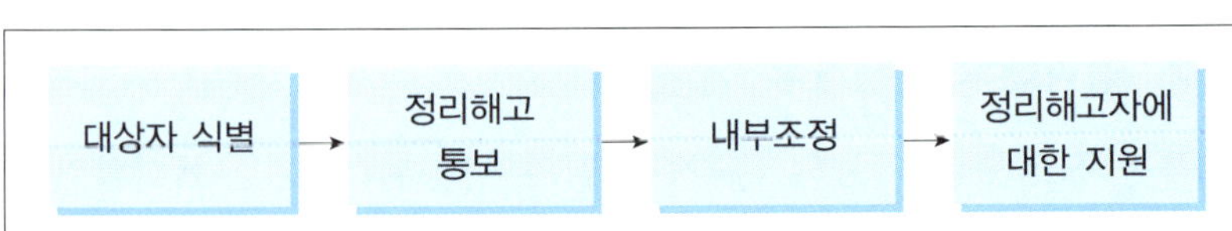

5-4-1 대상자 식별

① 메리트는 비노조화된 상황에 있어서(연공이 완전히 무시되지는 않지만) 가장 중요한 기준이다. 미국 기업들은 연공과 메리트를 이용하여 ㉠ 상위의 성과를 보이고 있으며 핵심기술을 지니고 있는 보호된 집단, ㉡ 불만족한 성과기록을 보이고 있는 없어도 좋은 집단 그리고 ㉢ 부서 내 연공순서에 의해 정리해고 순서가 결정되는 집단 등으로 구분하는 것이 전형적이다.

② 다른 인적자원관리와 마찬가지로 정리해고도 차별적인 방식으로 행해질 수 있다. 정리해고시 만약 여성이나 소수집단의 정리해고율(layoff rate)이 현저하게 높다면 결과적으로 인적 구성의 불균형을 초래할 수 있다. 따라서 조직도 투명한 정리해고 절차와 기준을 마련하여 차별적 방식으로 정리해고가 이루어지지 않도록 해야 할 것이다.

5-4-2 정리해고자 통보

사용자는 정리해고의 대상자 선정시 남녀차별 금지규정을 준수해야 하며 해고회피방법 및 해고의 기준 등에 관하여 근로자대표에 대하여 해고하고자 하는 날의 60일 전에 통보하고 성실하게 협의하여야 한다(「근로기준법」 제31조 제3항). 여기서 '근로자대표'란 당해 사업 또는 사업장에 근로자의 과반수로 조직된 노동조합이 있는 경우에는 그 노동조합, 그러한 노동조합이 없는 경우에는 근로자의 과반수를 대표하는 자를 말한다.

5-4-3 내부조정

정리해고 이후 남아 있는 종업원들을 새로운 직무에 재배치하는 일이 필요하다. 경영층은 가능한 재배치를 줄이고자 하며 능력을 재배치 기준으로 삼고자 한다. 그러나 노동조합은 능력보다는 연공에 비중을 더 두는 경향이 있다.

5-4-4 정리해고자에 대한 지원

① 조직의 정리해고자에 대한 지원은 정리해고 이후 일정기간 소득유지와 새로운 직장탐색에의 도움으로 크게 나눌 수 있다. 정리해고자의 소득유지를 위해서는 해고시 결별금(severance pay) 형태로 일정액을 지원함과 동시에 해고 후 일정기간 동안 다양한 보험(즉, 생명보험이나 의료보험 등)의 혜택을 줄 수 있다.

② 조직은 또한 정리해고자에게 이력서 작성, 훈련기회 제공, 새로운 직장에 대한 정보제공 등을 통하여 새로운 직장을 찾는 데 지원할 수 있다. 이러한 외부배치(outplacement) 프로그램은 조직에 남아 있는 사람들 사이에 조직몰입을 증가시키는 경향이 있기 때문이다.

③ 우리나라에서는 근로자를 정리해고한 사용자는 해고한 날로부터 2년 이내에 근로자를 채용하고자 할 때 정리해고된 자를 근로자가 원하는 경우 해고 전의 직책 등을 감안하여 그 근로자를 우선적으로 고용하여야 한다고 규정하고 있다.

5-5 우리나라 「근로기준법」상 정리해고 실시요건

우리나라 「근로기준법」에 있어서 정리해고 실시요건으로 ① 해고를 하지 않으면 기업경영이 위태로울 정도로 긴박한 경영상의 필요성이 존재하며, ② 경영방침이나 작업방식의 합리화, 신규채용의 금지, 일시 휴직 및 희망퇴직의 활용 등 해고회피를 위한 노력을 하였어야 하며, ③ 합리적이고 공정한 정리기준을 설정하여 이에 따라 해고대상을 선별하여야 하고, ④ 해고에 앞서 노조나 근로자측과 성실한 협의를 거칠 것을 요구하고 있다.

5-6 정리해고에 대한 대안

① 임금삭감(pay cuts): 인력에는 변화가 없으므로 이론적으로는 조직이 일관된 생산성을 유지할 수 있다.

② 근무시간 단축(reduces work hours): 임금의 조정 없이 근무시간만 단축한다면 생산성은 저하될 것이다.

③ 직무공유제(job sharing): 근무시간 단축과 유사한 효과가 있으며 다수의 근로자들간 업무를 조정할 필요가 있다.

④ 신규채용 동결: 자연 소모(attrition)를 통한 조정이지만 시간이 오래 걸린다.

⑤ 인력 풀: 특정 직무에 배치되지 않은 인력들에게 교육을 실시한다든가 그렇지 않으면 필요에 따라 특정 프로그램에 배치한다.

Ⅵ. 해고 및 퇴직

6-1 해 고

① 해고: 성과기준을 충족하지 못하거나 직무수행규칙이나 회사규정을 위반한 종업원을 정리하는 기능

② 해고는 종업원 개인에게 중대한 영향을 미치므로 신중하게 검토하고 공정한 절차(due process)를 따라야 한다.

6-2 퇴 직

퇴직은 높은 임금을 받는 노령층을 젊은 근로자들로 대치하는 기능을 의미한다.

6-2-1 특 징

① 강제퇴직은 종업원의 의사가 반영되지 않는다는 점에서 해고와 유사하다.

② 퇴직은 통상 개인경력의 마지막 단계에서 발생된다는 점과 퇴직 시 퇴직금(또는 연금)을 받는다는 점에서 해고와 차이가 있다.

③ 고령의 종업원이 퇴직함에 따라 조직은 그를 대신하여 젊은 종업원을 채용할 수 있다. 젊은 종업원은 고령의 종업원에 비해서 임금이나 복지후생 측면에서 비용이 적게 든다. 또한 고령의 종업원은 조직 내에서 위치가 높은 경향이 있으므로 내부승진의 기회도 생기게 된다. 그러나 퇴직과 동시에 상당한 비용도 발생할 수 있다. 조직에서 수 년간 일해 온 퇴직자들은 산업이나 시장에 대한 지식의 보고이다. 그들은 또한 회사의 정책과 문화에 대한 광범위한 역사적 지식을 가지고 있다. 외부로부터의 참신한 아이디어도 조직에게 중요하지만, 지식과 경험도 동시에 중요하다. 따라서 조직에게는 조직의 목적을 달성하기 위해서 양자를 어떻게 조화시킬 것인가가 관건이 된다. 다시 말하면, 퇴직과 관련하여 비용은 최소화하며 이득은 최대화하는 것이 조직이 풀어야 할 당면과제이다.

6-2-2 조기퇴직 프로그램

조기퇴직 인센티브는 젊은 근로자에게 경제적 혜택을 부여하여 자발적 퇴직을 유도하는 데 있다. 조기퇴직에 의한 경제적 혜택으로는 ① 퇴직급여 계산시 부가적으로 기간 가산, ② 결별금 지급 그리고 ③ 의료보험 제공 등이 있다. 이런 계획은 해고를 피하면서 노무비를 삭감하고자 하는 조직의 필요성 또는 높은 임금을 받는 노령층을 젊은 근로자들로 대체하기 위해 실시된다.

연습문제

1. 정리해고의 대안들을 설명하시오.

2. 개방형 내부충원 시스템의 특징을 설명하시오.

3. 내부충원 기능 중 내부인력 배분과정에 속하는 것은?

① 정리해고
② 승진
③ 전환배치
④ ②와 ③
⑤ ①, ②, ③ 모두

4. 정리해고에 대한 내용으로 맞는 것은?

① 정리해고는 노조의 동의를 필요로 한다.
② 종업원의 직접적인 행위나 태도에 기인한다.
③ 경기 상승시에는 실시할 수 없다.
④ 경영상 긴급한 사유가 있어야 한다.
⑤ 정답 없음

참고문헌

Burgess, P. L. & Low, S. A.(1992), Preemployeement Job Search and Advance Job Loss Notice, *Journal of Labor Economics*, 10, 258-287.

Heneman Ⅲ. H. G. & Heneman, R. L.(1994), *Staffing Organizations*, Mendota House, 307.

Heneman Ⅲ, H. G. Schwab, D. P. Fossum, J. A. and Dyer, L. D.(1986), *Personnel/Human Resource Management*, Irwin, 344.

Hershey, R.(1972), Effects of Anticipated Job Loss on Employee Behavior, *Journal of Applied Psychology*, 56, 273-275.

Worrell, D. L., Davison Ⅲ, W. N. & Sharma, V. M.(1991), Layoff Announcements and Stockholder Wealth, *Academy of Management Journal*, 34, 662-676.

Mitchell, T. R. & O'Reilly Ⅲ, C. A.(1983), Managing Poor Performance and Productivity in Organizations, In Rowland, K. M. & Ferris, C. R., eds., *Research in Personnel and human Resource Management*, vol. 1, Greenwich, Conn.: JAI Press.

제 13 장

훈련 및 개발

●학습목표●

직무는 동태적으로 변한다. 급격한 조직환경 및 기술변화는 기존 종업원들에게 새로운 능력과 스킬을 끊임없이 요구하고 있다. 훈련과 개발은 조직목표에 대한 조직구성원의 공헌을 높이기 위하여 계획된 학습과정이다.

Ⅰ. 개 관

1-1 관련 용어들

이 장에서 사용된 용어와 개념들을 먼저 이해하는 것이 훈련의 전반적 이해에 유용하다.

학습(learning)
경험에서 기인하며 행동에 직접적 영향을 미치는 인지(cognition, 예를 들면 이해와 사고)에 있어서 비교적 영속적 변화

훈련(training)
현재 또는 미래 직무에 대한 지식, 스킬, 능력을 개발하고자 하는 체계적 과정

개발(development)
조직의 변화와 성장에 대응하기 위한 현재의 직무수행 이상의 장기적 학습

훈련은 직무와 관련된 지식, 스킬, 능력을 개발하는 과정이며 교육(education)은 개인의 경력이나 직업과 관련된 보다 일반적인 지식, 스킬, 능력을 개발하는 과정이다.

1-2 의 의

종업원 훈련은 종업원들에게 보다 효과적인 업무수행방식을 학습할 수 있는 기회를 제공하거나 직무 변화에 대비하여 준비하게 함으로써 조직이 변화하는 환경에 적응하여 시장에서 보다 효과적으로 경쟁할 수 있도록 한다.

1-3 실제적 상황

그러나 훈련이 항상 위에 언급한 '의의'를 결과하는 것은 아니다. 훈련도 학습의 '기회'를 제공할 뿐이며 실제 학습효과는 훈련의 설계 및 실행, 피훈련자의 특성 그리고 조직의 학습 분위기 등 다양한 요소에 의해 영향을 받는다.

1-4 훈련 효과성을 극대화하기 위한 조건들

1	2	3
학습을 촉진하는 지원적 학습환경 제공	피훈련자의 학습 동기를 촉진할 수 있도록 훈련 프로그램의 설계	실제 직무에서 새로 획득한 지식과 스킬을 활용하는데 발생하는 장애를 제거하기 위해 다른 조직구성원과의 협력적 작업

1-5 훈련을 바라보는 시각

① 훈련은 지속적으로 종업원과 조직 시스템을 개선하기 위한 일련의 과정(process)이다. 여기서 핵심적 단어는 과정이다.

② 훈련은 다른 HR기능들(예 충원, 경력개발, 보상 등) 및 사업전략과 통합될 때 일상적 작업수행과 연계될 수 있다는 것은 자명하다.

③ 사업에 대한 이해 없이 독자적으로 수행되는 훈련프로그램은 소기의 성과를 달성하기 어려울 것이다.

1-6 조직에서 훈련의 역할

① 대규모 조직에는 소위 인재개발팀(Human Resource Development, HRD)이라는 훈련전담 부서가 있다.

② 훈련은 인적자원관리의 한 부분이며 다른 인적자원기능(예 충원, 경력개발, 보상들)과 통합되어야 한다.

[인적자원기능 조직도(예시)]

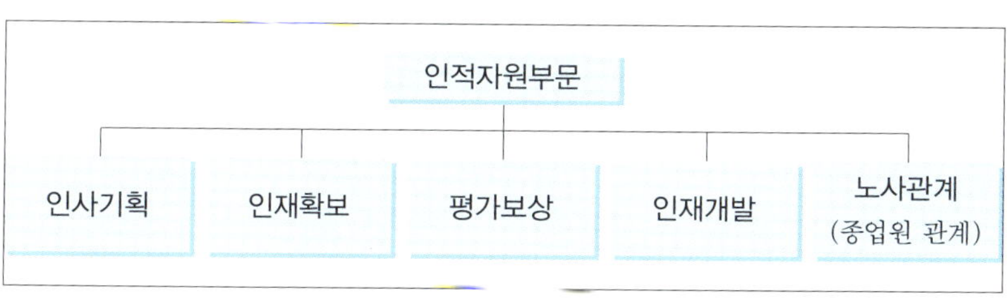

[인재개발팀(HRD)의 역할]

① 현재 또는 미래의 직무수행을 촉진할 수 있도록 종업원의 KSAs를 개발하여 조직 효율성을 증진. 즉 '직무와 관련된 KSAs'를 개발

② 동시에 종업원 개인의 욕구를 파악하여 그들이 학습하고 성장하도록 도움 제공

Ⅱ. 학습의 대상

2-1 유 형

학습은 지식, 스킬, 능력 및 태도를 개발하는 데 의의가 있다.

A 능력(ability)

일련의 과업(task)들을 수행할 수 있는 역량으로 유전이나 경험에 근거하여 시간에 걸쳐 개발되는 특성

예 마라톤을 완주할 수 있는 능력

B 스킬(skill)

훈련이나 경험의 결과로 개발된 특정과업을 수행할 수 있는 역량

예 자동차 정비스킬

C 지식(Knowledge)

특정 분야에 대한 누적 정보

예 회계지식

D 태도(attitude)

특정 행위를 촉진하거나 저해하는 개인의 신념과 의견

예 경영진에 대한 태도

2-2 학습결과의 분류

이상의 논의를 근거로 학습결과들은 다음과 같이 분류될 수 있다.

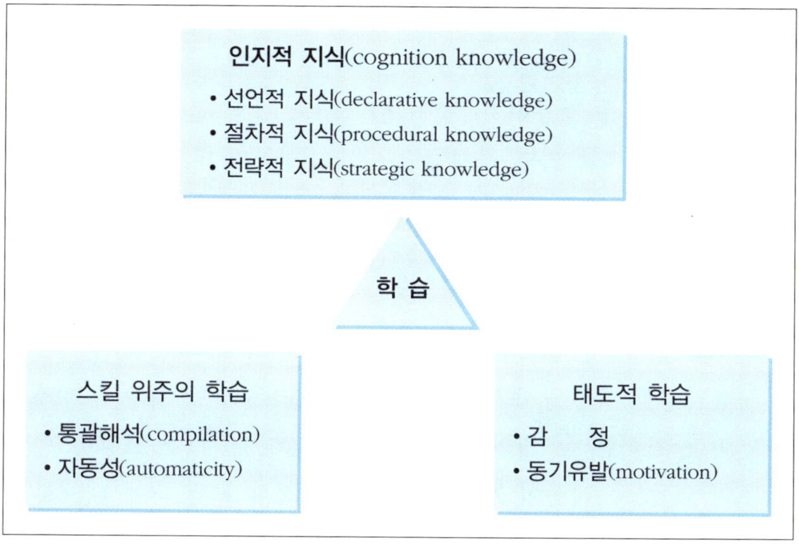

출처: Blanchard, P. N. & Thacher. J. W.(1999), *Effective Training: Systems, Strategies and practices*, Prentice Hall, 5.

2-3 지 식

지식은 선언적 · 절차적 그리고 전략적 지식으로 구성되어 있다. 이들 세 구성요소는 서로 명확히 구분되면서도 서로 연관되어 있다.

2-3-1 선언적 지식(declarative knowledge)

특정 분야에 대한 사실적 정보의 개인적 축적. 안전규칙, 채용에 대한 법적 규제 등 학습자가 특정정보를 회상하고 인식할 수 있을 때 학습이 이루어졌다고 본다(예 회계학에 대한 중간고사).

2-3-2 절차적 지식(procedural knowledge)

① 학습된 사실을 언제 그리고 어떻게 적용할지에 대한 이해. 절차

적 지식에서는 사실과 절차 사이의 내재적 관계(예 사업전략의 개념과 이를 수립하기 위한 절차)를 이해하고 있어야 한다.

② 절차적 지식을 적용하기 전에 먼저 어느 정도 선언적 지식이 있어야 한다. 예를 들면 문제해결 단계(선언적 지식)를 알지 못하면 언제 그리고 어떻게 문제해결기법(절차적 지식)을 적용할지를 알 수 없다.

2-3-3 전략적 지식(strategic knowledge)

① 목표지향적 활동을 계획, 모니터링 그리고 수정할 수 있는 지식

② 전략적 지식은 두 개의 하위지식(즉 사실과 절차)을 포함하고 있으며 이들 두 지식이 개인의 복잡한 정신적 모형 속에 내재화되어야 한다. 전략적 지식이 훈련이나 교육의 근본적 목적일 때 우리는 '학습방법에 대한 학습(learning how to learn) 프로그램'이라고 부른다.

2-4 스 킬

사람들이 "무엇을"하고 그리고 "언제" 그것을 해야 하는지를 알아야 한다는 점에서 스킬은 지식에 의존적이다. 그러나 무엇을 언제 어떻게 해야 하는가를 아는 것과 실제로 행동을 수행할 수 있다는 것에는 차이가 있다. 스킬은 단순히 무엇을 아는 것을 넘어서 무엇을 행하는 데 필요한 숙달(proficiency)을 의미한다.

스킬 획득은 통괄해석(compilation)(낮은 수준)과 자동성(automaticity)(높은 수준) 두 단계로 구성되어 있다. 위의 두 단계는 스킬이 기계적 행동양식이 되는 정도를 나타낸다.

자 동 성

생각하지 않고
기계적으로 스킬을
수행하는 단계로 스킬을
완전히 숙달했을 때 적용된다.
예 테니스를 처음 배울 때 학습자는
생각을 하면서 라켓을 휘두르지만 선수가
되면 자동적으로 라켓을 휘두른다.

통괄해석

스킬을 수행하면서 동시에 사고를 필요로 하는 단계로
스킬을 배우는 단계나 최근에 배운 스킬에 적용된다.

Ⅲ. 훈련과정 모형

3-1 경영시스템으로서의 훈련

3-1-1 조직시스템의 하위시스템으로서 훈련

① 다음의 도표는 훈련시스템과 조직시스템 사이의 교환관계를 나타내고 있다.

② 조직의 전략 자원들은 훈련 하위시스템에게 투입원(source of input)이 된다. 인재개발팀이 인적자원부문의 한 부문이므로 이런 외부

환경의 자원들은 인적자원 부문을 통해 걸러져 훈련시스템으로 들어오게 된다.

③ 투입된 자원은 훈련시스템의 결과(개선된 KSA, 직무성과들)를 산출하는 데 사용된다.

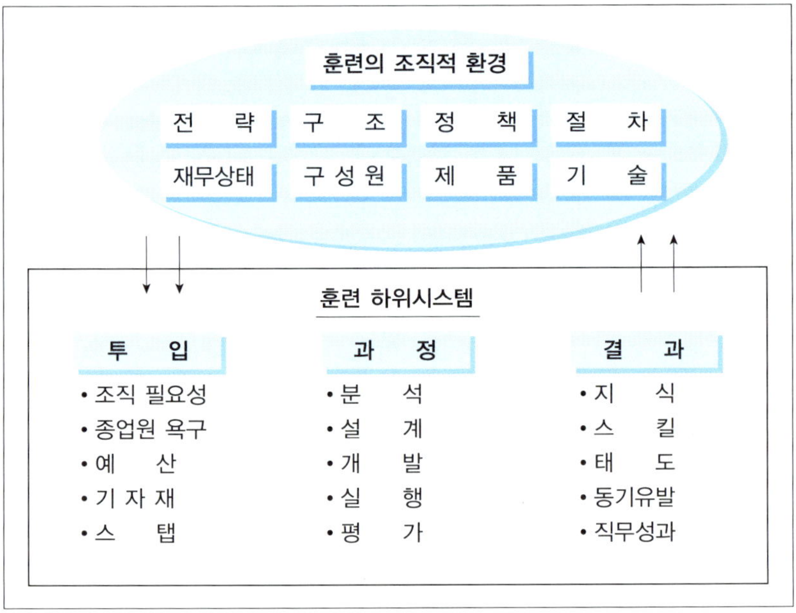

3-2 훈련과정 모형

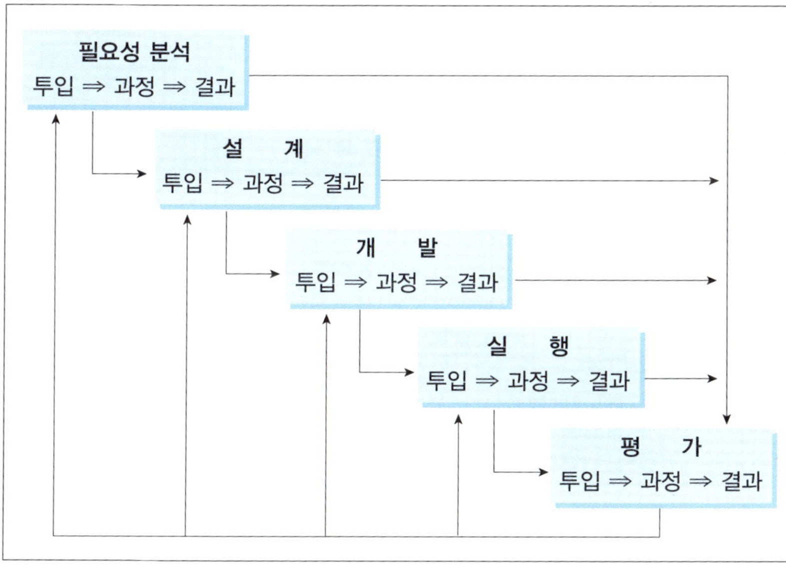

Ⅳ. 훈련 필요성 분석

4-1 의 의

문제가 부적절한 KSAs에 의해 야기되었다면 훈련이 하나의 해결책이 될 수 있다

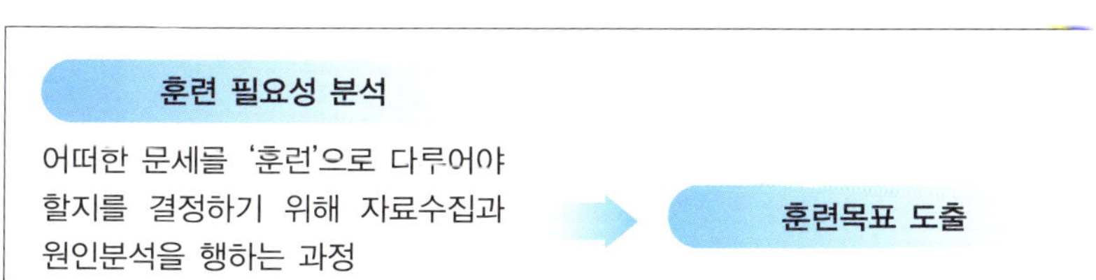

4-2 필요성 분석 모형

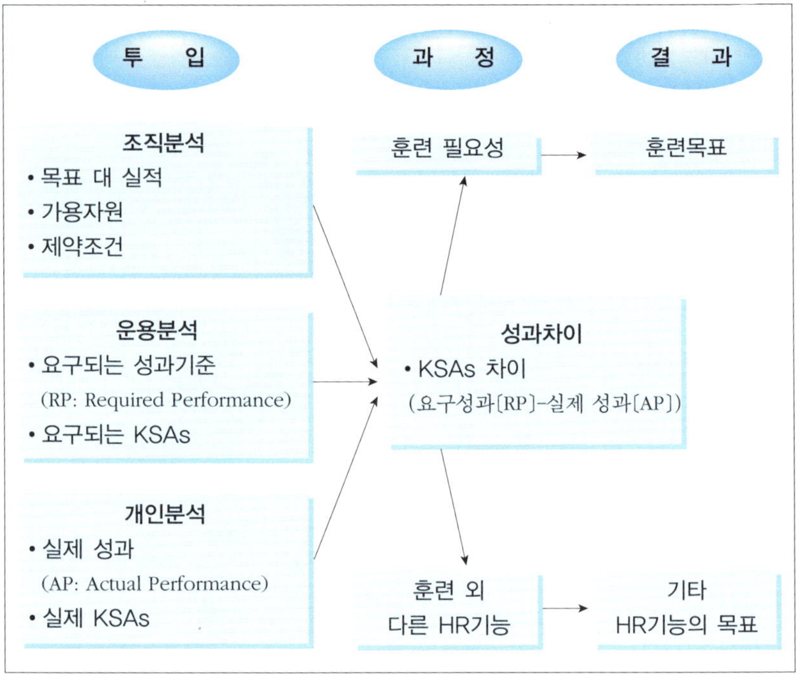

① 조직분석(organizational analysis)은 조직의 내부환경을 검토하여 조직목표달성에 얼마나 적합한지를 결정하는 과정이다. 또한 조직분석을 통해 조직의 목표성과와 실제 성과의 차이를 분석하고 훈련에 대한 가용자원과 제약조건을 식별한다.

② 운용분석(operational analysis)은 달성해야 할 성과기준을 식별하고 이를 위해 요구되는 KSAs를 식별한다.

③ 개인분석(personal analysis)은 특정 직무를 수행하는 조직구성원들의 성과수준을 식별하고 그들이 필요한 KSAs를 보유하고 있는지를 파악한다.

4-3 성과차이 분석

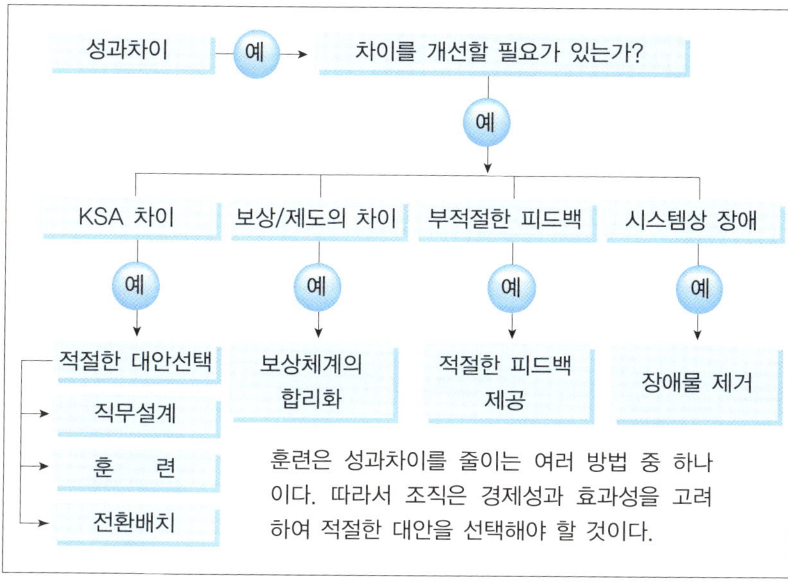

4-4 자료수집 방법

구분	내용
조직분석	• 사업전략 • 조직분위기 지표(노사관계, 고충처리, 사퇴율, 결근율, 사고율, 태도조사 등) • 효율성 지표(노무비, 재료비, 품질, 납기준수 등) • 고객불만
운용분석	직무기술서 및 명세서, 성과기준, 운용문제분석 등
개인분석	성과평가, 면접, 태도조사, 중요사건 등

Ⅴ. 훈련설계

5-1 의 의

훈련 필요성 분석에 의해 어떤 KSAs가 필요한지 식별이 되면 다음 단계는 KSAs를 증진시킬 수 있도록 훈련을 설계하는 것이다. 효율적으로 KSAs를 증진시키기 위해서는 훈련 필요성 분석에 근거하여 훈련을 설계해야 한다.

5-2 설계과정

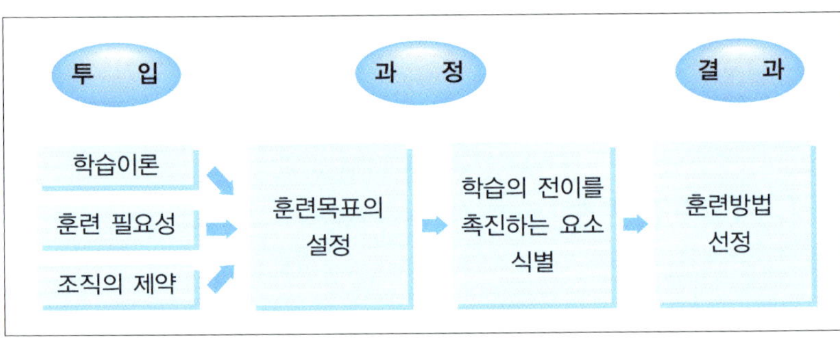

5-3 훈련목표의 설정

훈련목적은 피훈련자가 훈련을 마쳤을 때 알아야 하는 사항 또는 행할 수 있는 사항을 기술해 놓은 것으로 다음 세 가지 구성요소가 포함되어야 한다.

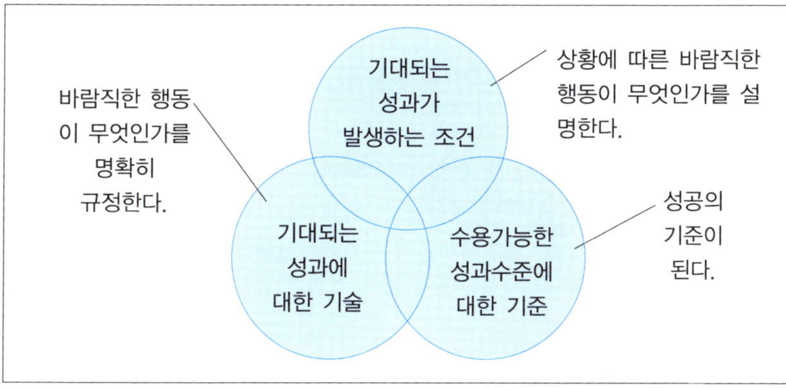

5-3-1 훈련목표의 형태

A 지식목표

피훈련자가 훈련을 마쳤을 때 알아야 하는 사항

B 태도목표

프로그램의 결과로 훈련참가자가 지녀야 하는 신념이나 확신

C 스킬목표

훈련참가자가 훈련 상황에서 수행할 수 있는 행위의 종류

D 직무행위목표

직무에 복귀했을 때 훈련참여자의 바람직한 반응

E 조직결과

생산성, 판매액, 효율성, 비용, 사퇴율 등과 같은 훈련프로그램에 이한 계량적 지표의 변화

5-3-2 훈련목표의 예

목표유형	인사평가 훈련의 예
지 식	모든 피훈련자는 고과유형, 절차, 활용, 고과오류, 피드백 제공 등과 같은 인사고과 관리에 대한 시험에서 80점 이상 획득하여야 한다.
태 도	모든 피훈련자는 인사고과가 효과적 관리에 필수불가결하며 모든 종업원은 매년 정확한 평가를 받을 권리가 있다고 믿는다. 강의실에서 발표와 직무복귀시에는 행동에 의해 평가된다.
숙 련	모든 피훈련자는 종업원 성과에 3개의 비디오 테잎을 정확하게 평가할 수 있어야 한다. 모든 피훈련자는 역할연기에 있어서 부하에게 정확한 피드백을 할 수 있어야 한다.
직무행위	모든 피훈련자는 훈련종료 6개월 이내에 양질의 고과를 행한다.
조직결과	모든 피훈련자는 훈련종료 1년 이내에 성과를 5% 상승시킨다.

표는 인사평가에 대한 훈련 프로그램에 있어서 각 목표에 대한 예를 제시하고 있다. 표가 제시하는 것처럼 훈련프로그램은 다수의 목표를 가지고 있다. 일반적으로 지식, 태도 그리고 스킬은 단기목표이며 직무행위는 중기 그리고 조직결과는 장기적 목표이다. 많은 경우에 있어서 훈련프로그램과 조직결과 사이의 관계는 매우 약하므로 조직결과 목표를 설정하는 것은 비현실적이다. 오히려 피훈련자가 직무행위를 바꾸면 조직결과가 개선된다고 가정하고 있다.

5-4 학습의 촉진

피훈련자의 학습을 촉진하기 위해서 조직은 먼저 피훈련자 특성의 이해와 더불어 학습원리에 따라 훈련프로그램의 설계 그리고 훈련받은 내용을 실제 직무수행에 적용할 수 있는 지원적 조직 분위기를 창출하여야 한다.

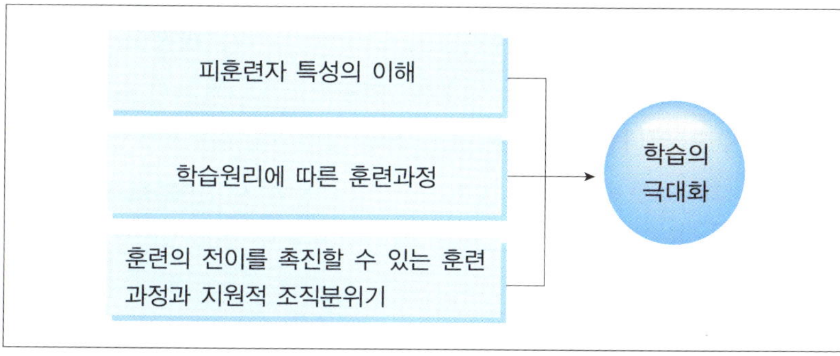

[용어정리]

훈련의 전이(transfer of training): 훈련 중 학습한 내용이 실제 직무수행에 적용되는 정도를 의미한다.

5-4-1 피훈련자의 특성

(1) 성과 등식

P	=	M	×	KSAs	×	E
성과		동기유발		지식, 스킬, 능력		환경

① 여기서 환경(environment)이란 직무수행이 발생하는 물리적 환경을 의미한다.

② 성과는 M, KSAs, E 등 개별 요소들뿐만 아니라 이들 요소들의 결합에 의해 영향을 받는다.

(2) KSAs: 준비상태

① 훈련 필요성 분석은 훈련 필요성에 대한 정보뿐만 아니라 훈련에 대한 피훈련자의 준비상태(readiness)에 대한 정보도 제공한다.

② 훈련이 필요한 사람들 사이에도 능력의 차이가 존재할 수 있다. 어떤 사람은 훈련방법과 내용을 소화하는 데 필요한 KSAs가 부족할 수도 있다. 반면에 어떤 사람은 높은 능력을 지닐 수 있다.

③ 준비상태가 부족한 사람들에게는 정규훈련 이전에 보완 훈련모듈(remedial training module)을 제공함으로써 훈련의 성공가능성을 높일 수 있다.

④ 필요성 분석에 의해 잠재적 피훈련자 사이의 커다란 능력 차이가 있는 경우 이런 차이를 반영할 수 있도록 훈련프로그램을 설계해야 한다.

(3) 동기유발

성과등식에서 알 수 있듯이 동기유발이 부족하면 학습은 발생하기 어렵다. 따라서 훈련은 KSAs를 제공함과 동시에 피훈련자가 이들 KSAs를 배워 실제 직무에 적용할 수 있도록 동기유발하여야 한다.

[피훈련자의 학습동기에 미치는 요인]

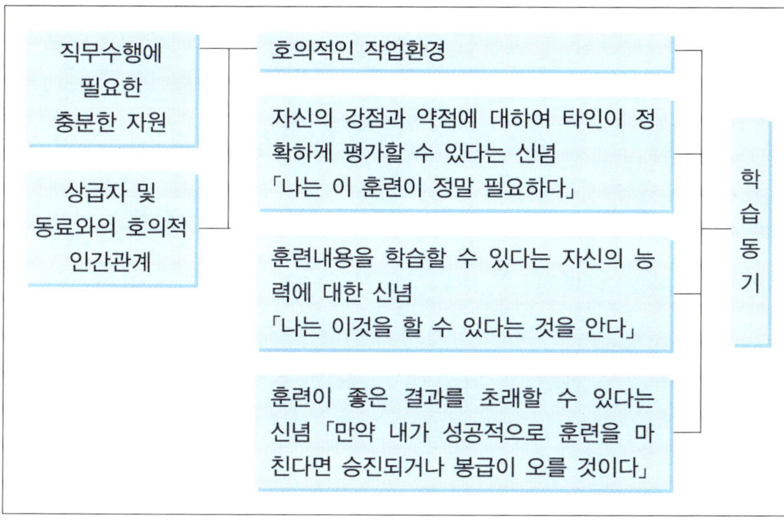

5-5 훈련의 전이

5-5-1 일반원리(general principle)

일반원리이론은 과업은 기본적인 요소를 학습시키는 것이 훈련의 전이를 크게 한다고 주장한다. 빛의 물 속에서의 굴절현상을 설명함으로써 피훈련자가 물 속에 있는 물체를 정확히 맞추는 훈련을 시킬 수 있다. 빛이 수면과 대기의 경계선에서 굴절이 일어나므로 물체는 눈에 보이는 장소에 있지 않다.

피훈련자에게 빛의 굴절현상을 설명함으로써 피훈련자가 물체의 위치를 조정할 수 있다. 그러나 정의 전이를 극대화하기 위해서는 일반적 원리를 식별하여 훈련에 포함시키는 일은 쉽지 않다.

5-5-2 작업환경에 있어서의 지원

피훈련자가 새로 학습한 행위나 지식을 실제 직무에 적용할 때 주위로부터 지원의 정도가 훈련의 전이에 영향을 미친다. 예를 들면, 새로운 경영기법을 도입하고자 하는 감독자가 동료나 부하로부터 냉소적인 반응을 받을 때 그가 새로운 기법을 현장에서 지속하며 적용하기는 힘들 것이다.

감독자의 지원은 훈련참가의 권유, 목표설정, 강화 및 코칭 등 다양한 형태로 나타날 수 있다. 조직차원의 지원도 훈련의 전이에 중요한 역할을 한다. 새로운 기법의 도입을 환영하는 조직분위기는 훈련의 전이를 강화한다. 따라서 '필요성 분석' 시 작업환경의 지원 정도를 파악하기 위해 조직분위기나 문화를 검토할 필요가 있다. 학습을 강조하는 조직은 지속적인 학습환경을 제공함으로써 학습내용을 실제 직무에 적용할 수 있는 가능성이 크다.

'활용기회'도 작업환경의 중요한 요소이다. 활용기회는 피훈련자가 훈련 중 학습한 내용을 실제 직무에 적용하여 경험을 쌓을 수 있는 정도라고 정의할 수 있다.

5-5-3 자극다양성(stimulus variability)

훈련이 다양한 자극, 예를 들어, 개념의 다양한 예 또는 서로 다른 상황에서의 연습 등을 포함할 때 전이가 강화된다. 가령 재단사를 훈련할 때 여러 가지 천에 단추구멍을 만들도록 하는 것이 한 두 가지 천을 이용하여 훈련하는 것보다 자극의 다양성이 증가시킨다.

5-5-4 훈련의 전이 극대화

훈련의 전이를 극대화하기 위하여 훈련프로그램 설계시 고려하여야 할 요인을 정리하면 다음과 같다.

훈련의 전이증대를 위한 제언
1. 훈련상황과 실제 직무상황 사이의 유사성을 극대화한다. 2. 훈련기간 중 충분한 연습기회를 제공한다. 3. 다양한 상황과 예를 활용한다. 4. 과업의 주요 특징을 식별하여 분류한다. 5. 피훈련자가 일반원리를 이해하게 한다. 6. 실제 작업에 있어서 지원적 분위기를 제공한다. 7. 학습내용을 직무상에서 활용할 수 있는 충분한 기회를 제공한다.

Ⅵ. 개발단계

6-1 의 의

일단 훈련목표와 내용이 확정되면 다음으로 중요한 단계는 '누가', '어떻게' 훈련을 시킬 것인가이다. 실제로 다양한 훈련기법이 개발되어 왔으며 피훈련자의 수, 예산, 시설 및 기자재 가용성(예 컴퓨터, 오디오시스템 등), 그리고 훈련자의 경험들을 고려하여 적절한 훈련기법을 선택하여야 한다.

6-2 개발과정

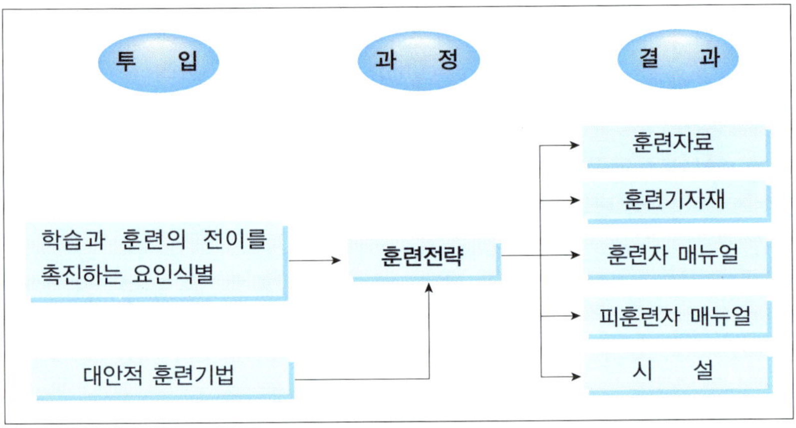

6-3 훈련기법의 종류

6-3-1 직무외(off-the-job) 훈련과 직무상(on-the-job) 훈련

훈련은 크게 직무외 훈련과 직무상 훈련으로 나눌 수 있다. 직무외 훈련과 직무상 훈련의 의의와 방법들은 나중에 자세히 논의될 것이다.

6-3-2 인지적 방법 대 행위적 방법

(1) 인지적 방법(cognitive method)

피훈련자의 인지과정에 영향을 미쳐 학습을 촉진하고자 하며 주로 지식이나 태도의 변화를 도모한다. 인지적 방법에서는 언어 또는 기술된 정보를 제공하거나 개념간의 관계를 제시하거나 또는 작업방식에 대한 규칙을 설명한다.

(2) 행위적 방법(behavioral method)

피훈련자가 실제적 상황 또는 모의상황에서 행동을 하도록 함으로써 학습을 촉진하다. 이 방법은 행동을 통하여 학습을 촉진하므로 스킬개발이나 태도변화에 효과적이다.

6-4 직무상 훈련(OJT)

6-4-1 의 의

① 직무상 훈련은 경험 있고 숙련된 종업원(상급자 또는 동료)가 경험이 부족하거나 숙련이 모자라는 종업원을 훈련시키는, 가장 널리 사용되고 있는 기법이다. 직무상 훈련은 다양한 형태를 취하며 직무외 훈련에 대한 보완으로 활용된다. 상급자나 동료에 의한 직무상 훈련은 통상 비공식적으로 이루어지며 다음과 같은 특성을 지닌다.

- 사전에 충분히 계획되고 준비되지 않는다.
- 사전에 결정된 내용이나 과정 없이 필요에 따라 실시된다.
- 훈련목표가 설정되지 않는다.
- 훈련자는 훈련방법에 대해서 공식적 훈련을 받지 않았다.

② 그러나 OJT를 공식화함으로써 위의 단점을 상당히 극복할 수 있다. 공식적 OJT프로그램은 학습과정이 사전에 신중하게 개발된다. 공식적 OJT프로그램에 있어서 학습은 통상 다음과 같은 단계를 통해 이루어진다.

1. 피훈련자는 경험 있고 숙련된 종업원(훈련자)이 작업을 수행하는 것을 관찰한다.
2. 훈련자는 과업을 어떻게 수행하는가를 보여주기 전에, 도중에 또는 후에 사용된 절차와 기법을 피훈련자와 논의한다.
3. 훈련자가 피훈련자가 준비되었다고 판단될 때 피훈련자는 과업을 수행하기 시작한다.
4. 피훈련자는 전체 직무를 독자적으로 수행할 수 있을 때까지 점점 더 많은 과업을 단계적으로 수행하게 된다.

6-4-2 직무훈련기법(Job Instruction Technique: JIT)

제2차 세계대전 중에 개발된 JIT는 OJT를 실행하는 데 있어서 가장 효과적인 기법들 중 하나이다. JIT는 OJT프로그램을 평가하는 기준으로 계속 사용되고 있다. 이 기법은 스킬개발에 초점을 맞춘 행위전략(behavioral strategy)을 활용하고 있다. JIT는 준비, 제시, 시험적 실행 그리고 follow-up 4단계로 구성되어 있다.

단계	내용
준비(prepare)	• 직무를 세분화시킨다(문서로 작성한다). • 훈련계획수립 • 피학습자를 편안하게 한다(평안한 학습 분위기).
제시(present)	• 말하면서 보여주기 • 실현(demonstrate) • 설명
시험적 실행 (try out)	• 학습자가 말로써 직무를 수행하게 한다. (상징적 예행연습) • 학습자는 상급자에게 직무를 어떻게 수행할지를 설명하도록 한다. • 학습자가 직무를 수행한다. • 피드백을 제공한다. • 학습자가 연습하도록 한다.
follow-up	• 진전을 check하고 피드백을 제공한다. • 학습자에게 도움을 누구에게 청할 수 있는지 말한다. • 점차적으로 progress check을 줄인다.

① 준비(prepare): 준비와 follow-up 단계는 OJT에서 흔히 무시되는 단계이다. 준비의 첫 단계는 직무를 문서로 세분화하는 것이다. 훈련자는 자신이 직무를 잘 알고 있어 이 단계가 필요 없다고 여길 수 있지만 피훈련자의 입장에서 생각할 필요가 있다. 두 번째 단계는 훈련계획을 수립하는 것이다. 훈련자는 피훈련자가 이미 무엇을 알고 있는지를 결정하여야 한다. 필요성 분석 중 개인분석에 의해 여기에 필요한 정보를 얻을 수 있다. 마지막으로는 피훈련자가 편안한 마음으로 훈련을 받을 수 있는 분위기를 만드는 것이다.

② 제시(present): '말하면서 보여주기(tell and show)'에서는 훈련자는 직무의 다양한 측면과 함께 직무 전반에 대해 설명한다. 훈련자는 실제로 직무를 수행하지는 않지만 어디에 스위치가 있고, 어디에 재료를 놓아야 하는지 등을 보여준다. 다음에는 실제로 직무를 수행하면서 왜 이런 방식으로 작업을 수행하는지를 설명한다.

③ 시험적 실행(try out): 피훈련자는 실제로 행동하기 전에 어떻게 직무를 수행할 것인가를 훈련자에게 설명할 수 있어야 한다. 이 단계는 관찰과 듣기로부터 행동(symbolic rehearsal)으로 안전하게 이행하도록 한다. 그리고 피훈련자는 직무를 수행하고 훈련자는 즉각적으로 피드백을 제공한다.

④ follow-up: 비공식적 OJT에서는 이전단계에서 훈련이 종료되었다고 여기는 경향이 있다. 훈련자는 부정확하거나 나쁜 작업습관이 형성되는 것을 방지하기 위해서 자주 피훈련자를 감독하고 피드백주는 것이 필요하다. 피훈련자가 처음으로 독자적으로 작업을 수행하는 데 있어서 자연스럽게 훈련자에게 도움을 청할 수 있도록 분위기를 만들어야 한다.

6-4-3 코 칭

코칭(coaching)은 지식, 스킬 및 직무성과를 개선하기 위해 일대일로 지도와 훈련을 행하는 과정이다. 통상 코칭은 성과에 문제가 있는 종업원을 대상으로 하지만 동기유발 수단으로도 사용된다. 동료들도 코치를 할 수 있지만 특히 팀제 조직에 있어서는 통상적으로 상급자가 코치가 된다.

[Coach의 단계]

1. 피훈련자의 직무, 성과기대를 충족하는 데 필요한 KSAs와 자원들 그리고 피훈련자의 현재 성과수준을 이해한다.
2. 피훈련자를 만나서 성과목표에 대해 서로 동의한다.
3. 성과목표를 달성하기 위한 계획/스케줄에 서로 동의한다.
4. 작업장에서 피훈련자에게 목표를 어떻게 달성하는지를 보여준 후 피훈련자가 작업을 수행하는 것을 관찰하고 피드백을 제공한다.
   이것은 JIT와 유사하다.
5. 성과가 증진될 때까지 단계 4를 반복한다.

① 코치는 과업수행방식과 훈련방식 모두에 숙련이 필요하다.

② 코치와 피훈련자의 인간관계가 학습과정에 중요한 영향을 미친다.

③ 코칭은 skill개발에 유용한 방법이지만 지식개발(예 선언적 및 절차적 지식)에도 활용될 수 있다. 그러나 지식전달에 있어서는 다른 훈련방법(예 강의)이 더 효과적이다.

Ⅶ. 실 행

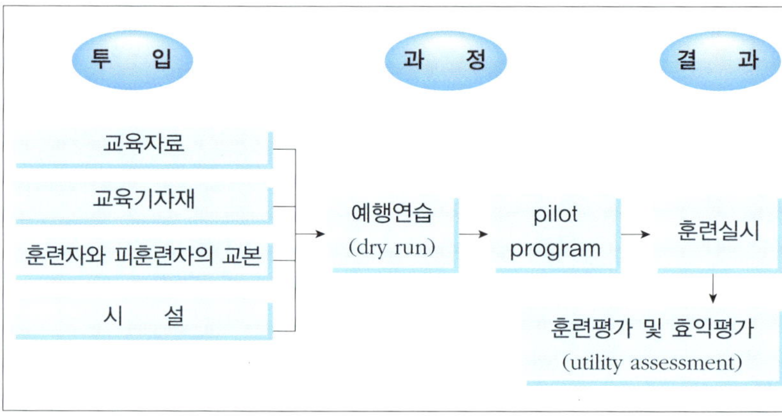

① 예행연습(dry run): 통제된 상황에서 훈련프로그램의 효과성을 테스트하기 위해 실시

② pilot program: 실제 피훈련자를 대상

Ⅷ. 훈련의 평가

8-1 평가과정

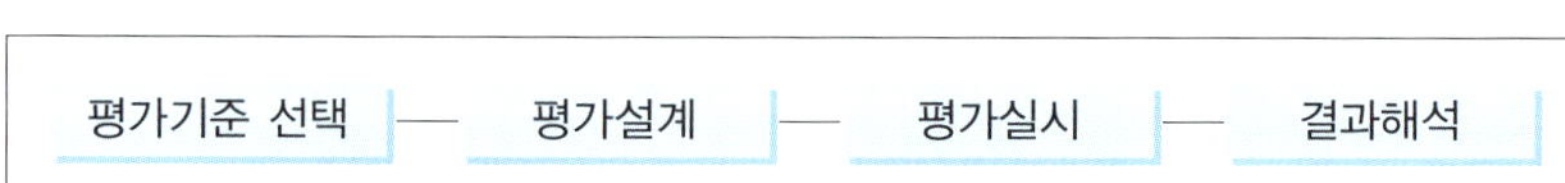

8-2 훈련프로그램 평가 유형

수 준	평가목적	측 정 치
결 과	훈련으로 인하여 조직의 성과가 증진되었는가?	사고 품질 생산성 사기 비용 이윤
행 위	훈련 뒤 피훈련자의 직무상 행위가 바뀌었는가? 그들은 훈련중에 배운 지식과 소질을 활용하는가?	인사평가
학 습	학습훈련프로그램을 마치면서 피훈련자는 어느 정도 지식이나 소질을 습득하였는가?	필기시험 단계별 모의시험 성과테스트
반 응	피훈련자는 프로그램, 훈련자, 그리고 시설을 좋아하는가? 그들은 프로그램이 유용한가? 어떤 점을 개선하여야 하는가?	설 문 지

출처: Kirkpafrick, D.(1983), Four Steps to Measuring Training Effectiveness, *The Personnel administrator*, 28(1), November.

8-3 결과평가 유형 및 영향요인

유형	영향요인
조직결과	• 조직의 외부환경: 경제상황, 규제, 공급자 등 • 조직의 내부환경: 정책, 절차, 시스템 • 종업원의 성과, KSAs와 욕구
직무행위	• 훈련의 전이 • 직무에 있어서 동기유발 요인 • 훈련을 직무에 적용할 수 있는 기회 • KSAs
학 습	• 피훈련자의 readiness • 피훈련자의 학습동기 • 설계, 자료 및 내용 • 훈련자의 행위
반 응	• 피훈련자의 기대와 훈련내용의 적합 정도

평가기준이 실제 훈련과 멀어질수록 상관관계는 적어진다.

8-4 결과평가 자료의 활용

이해관계자에 따라 평가기준에 대한 관심도가 다를 수 있다.

[결과자료]

이해관계자 \ 결과자료	반 응	학 습	행 위	조직결과
훈련담당부서				
훈 련 자	Yes	Yes	Yes	No
훈련 관리자	Yes	Yes	Yes	Yes
고 객				
피훈련자	Yes	Yes	Yes	Perhaps
피훈련자의 상급자	No	Yes only if no transfer	Yes	Yes
상위 경영층	No	No	Perhaps	Yes

연습문제

1. 학기가 끝날 때 수강생들은 설문지에 의해 수업을 평가하고 있습니다. 이 방법의 장·단점은 무엇이 있겠습니까?

2. 직무상 훈련(OJT)의 장·단점을 기술하시오.

3. 훈련목적의 설정에 대한 설명 중 옳은 것은?

① 훈련목적은 피훈련자가 훈련을 마쳤을 때 알아야 하는 사항 또는 행할 수 있는 사항을 기술
② 훈련목적에 근거 프로그램 내용 및 훈련방법 선택가능
③ 훈련프로그램 평가기준 설계시 도움
④ ①과 ②
⑤ ①, ②, ③ 모두

4. e-learning의 장점이 아닌 것은?

① 더 많은 학습자를 훈련시킬 수 있다.
② 다양한 감각기능을 이용하게 하여 학습을 촉진시킬 수 있다.
③ 실습, 질문 그리고 다른 학습자나 전문가와의 상호작용을 통하여 학습에의 참여를 강화시킬 수 있다.
④ 시간과 거리의 제약을 받지 않으며 비용을 줄이는 효과도 있다.
⑤ 정답 없음

참고문헌

Bergman, Y.(1933), Job Performance Learning: A Comprehensive Approach to High Performance Training Design, *Employment Relations Today*, Winter, 399-409.

Blanchard, P. N. & Thacher, J. W.(1999), *Effective Training: Systems, Strategies and practices*, Prentice-Hall.

De Simone, R. A. & Harris, D. M.(1994), *Human Resource Development*, The Dryden Press.

Kirkpafrick, D.(1983), Four Steps to Measuring Training Effectiveness, *The Personnel Administrator*, 28(1), November.

Kraiger, K., Ford, J. & Salas, E.(1993), Applicating of Cognitive, Skill Based and Affective Theories of Learning Outcomes to New Methods of Training Evalution, *Journal of Applied Psychology*, 78(2), 311-328.

제 14 장

성과평가

Ⅰ. 성과평가의 이해
Ⅱ. 성과평가의 구성요소
Ⅲ. 평가오류
Ⅳ. 평가자 훈련의 설계

●학습목표●

성과(performance)는 개인의 조직목표에의 기여, 즉 종업원들이 직무책임을 얼마나 효과적으로 수행하였는가를 의미한다. 인사평가는 성과측정도구일 뿐만 아니라 다양한 변수가 개입되어 있는 복잡한 시스템이다. 따라서 인적자원관리에 있어서 성과관리 시스템(performance management system)을 구축하기 위해서는 인사평가의 의의, 평가자의 역할, 평가기법 그리고 효과적 피드백 등에 대한 이해를 하여야 한다.

Ⅰ. 성과평가의 이해

성과평가에 대해 경영자나 종업원 모두 지대한 관심을 갖고 있다. 따라서 성과평가에 대한 다양한 관심 표명이 있다.

1-1 평가에 대한 일반적 질문

(1) 우리는 인간과 신의 경계에서 위험한 곡예를 하고 있는가?

한 인간이 다른 인간을 어느 정도 정확하게 평가할 수 있는가에 대한 의문

(2) 인적자원관리에 있어서 평가는 불필요한 서류작업인가?

조직에서는 꼭 공식적으로 평가를 실시하여야 하는가에 대한 의문

(3) 캄캄한 밤중에 오리사냥을 할 것인가?

성과평가 없이도 성과지향적으로 인적자원관리를 할 수 있는가에 대한 의문

(4) 측정할 수 없는 것은 관리할 수 없다?

공식적 평가결과 없이는 합리적 인적자원관리를 실시할 수 없는가에 대한 의문

1-2 평가에 대한 관점

성과평가에 대해서는 긍정적 견해와 부정적 견해가 있다.

1-2-1 부정적 견해: 관료제의 산물

성과평가는 종업원 성과와는 관계가 없는 다양한 요인에 의해 영향을 받으므로 조직에서 폐기하여야 할 기능이다.

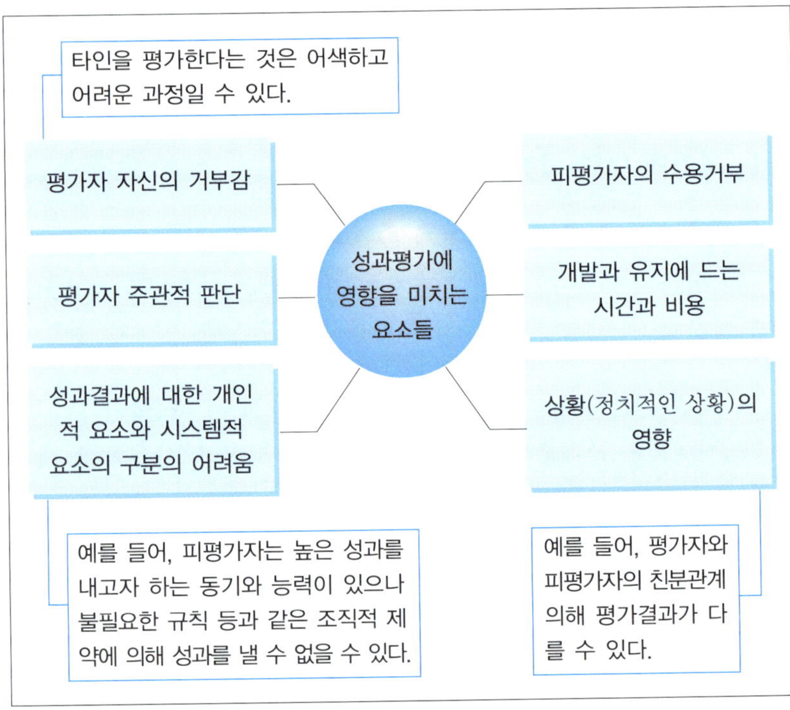

1-2-2 긍정적 견해: 가치창출, HR기능의 통합

① 경영환경 변화(세계화, 무한 경쟁, 다양화)에 의해 인적자원관리의 중요성 증대

② 능력 · 성과주의 인적자원관리의 핵심

③ 성과주의 인적자원관리의 성패는 평가의 공정성 · 수용성 · 성과 연계성에 의해 좌우

④ 지식 · 정보사회로 진행될수록 개인 간 성과차이 심화

1-2-3 성과평가의 HR 통합기능

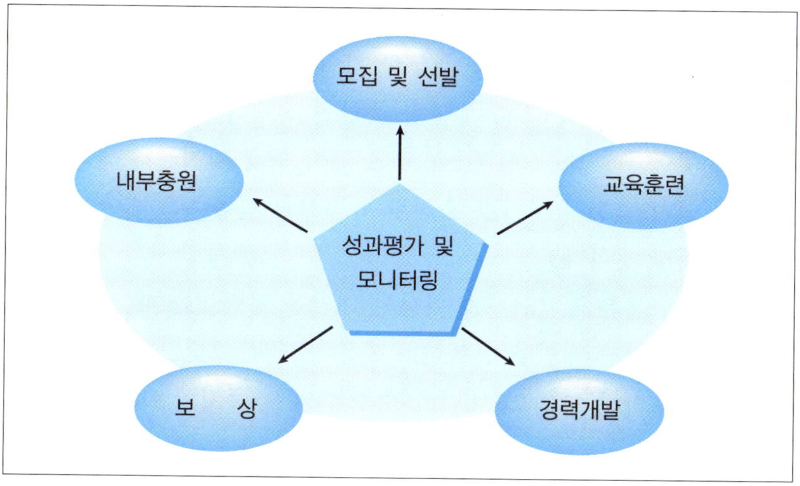

성과는 HR기능(예 모집 및 선발, 교육 · 훈련, 보상, 정리해고 등)을 수행할 때 준거 기준이 될 수 있다.

1-3 기대이론에서 본 성과평가의 역할

1-3-1 기대이론의 구성

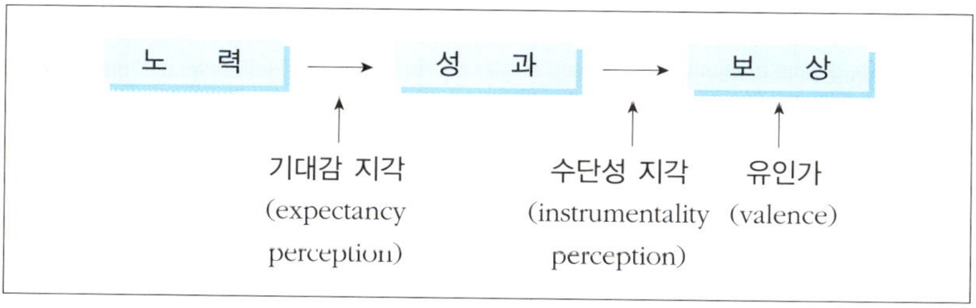

① 기본적으로 기대이론은 두 개의 관련된 이슈에 초점을 맞추고 있다.
첫째, 둘 또는 그 이상의 대안이 있을 때 사람들은 어떤 대안을 '선택'할 것인가?
둘째, 일단 하나의 대안이 선택된다면 사람들은 '어느 정도의 동기력'을 가지고 그 대안을 추구할 것인가?

② 대안의 매력(attractiveness)은 한 대안을 선택한 이후에 무엇이 발생할 것인가에 대한 기대(expectation)에 의해 결정된다. 즉, 선택된 대안이 긍정적 결과를 초래할 가능성이 높을수록 대안의 매력이 증가할 것이다.

③ 즉 기대이론은 둘 또는 그 이상의 대안을 당면했을 때, 사람들은 가장 매력적인 대안을 선택한다고 주장한다. 그리고 선택된 대안의 매력도가 클수록 그 대안을 추구하려는 '동기력'이 커진다.

[기대이론의 조직에의 적용]

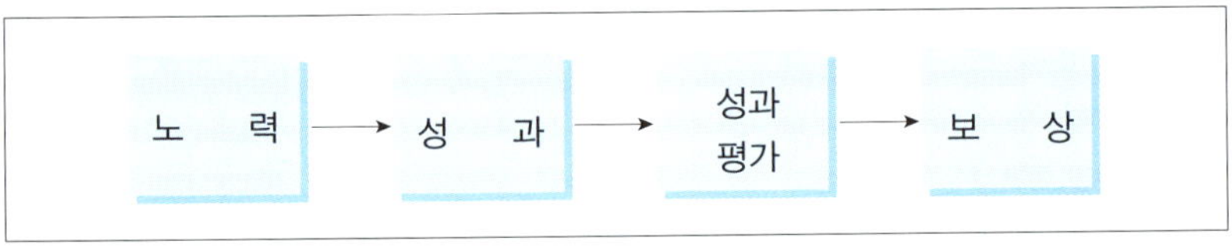

④ 성과측정이 잘못되면 조직구성원은 방향성을 상실하게 되어 기대감(expectancy perception)이 저하된다.

⑤ 성과측정이 잘못되면 '성과주의 인적자원관리' 체계하에서는 잘못된 행위를 보상하게 된다.

⑥ 조직의 성과평가기준을 조직구성원들은 '성과'로 받아들여 조직의 성과평가기준에 맞추려고 노력한다.

1-4 평가과정에 있어서 잠재적 갈등

성과평가는 근본적으로 피평가자(종업원)의 성과를 신뢰성 있고 타당하게 측정하는 과정이다. 그러나 실제에 있어서는 성과평가 목적에 따라 평가행위가 영향을 받을 수 있으며, 때에 따라서는 서로 갈등적 행위를 초래할 수 있다. 성과평가 목적에 따라 조직과 개인에게 발생할 수 있는 갈등의 유형은 다음과 같다.

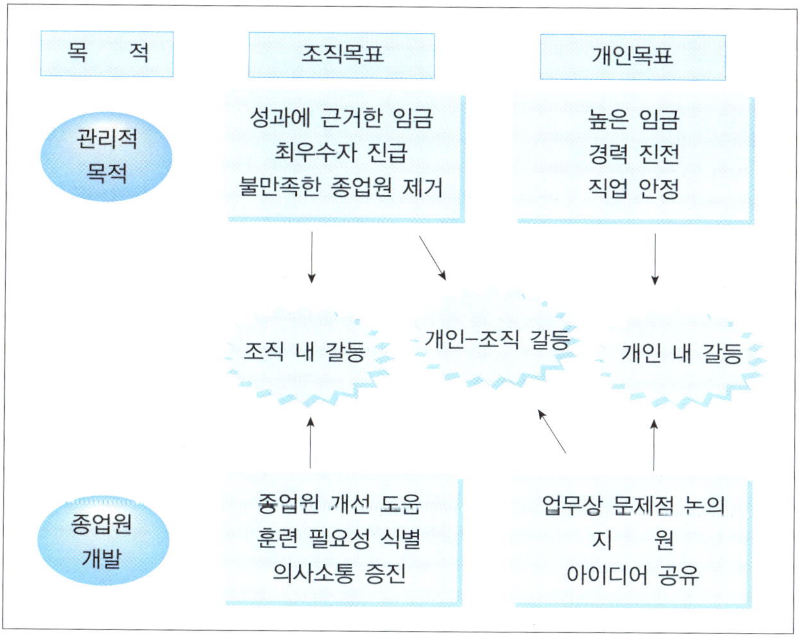

1-5 성과평가에 있어서 조직목표와 개인적 목표의 예

조직목표	개인목표
종업원 간 성과차이 식별	작업집단 내 인간관계적 갈등회피
개발 및 피드백	낮은 성과자에 대한 동기유발
성과차이에 의한 인적자원 의사결정	작업집단 내 평등성 유지

1-6 성과평가 사이클

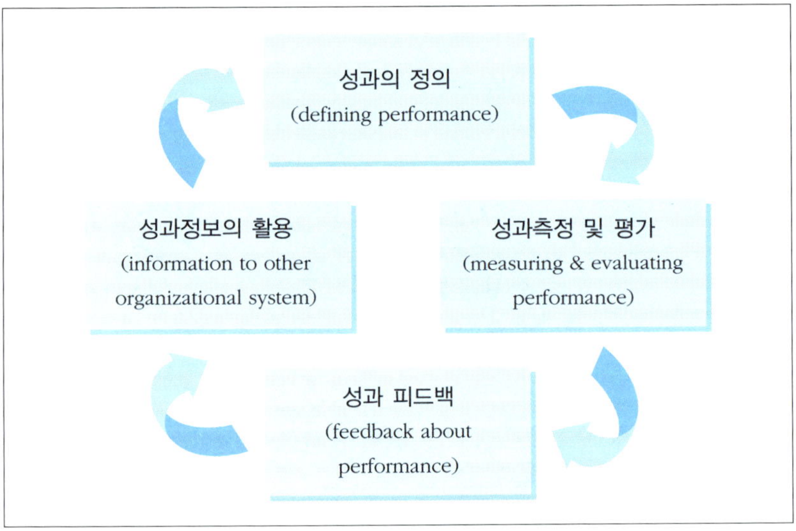

Ⅱ. 성과평가의 구성요소

성과평가에는 기본적으로 평가자와 피평가자, 그리고 평가수단이 포함되어 있다. 성과평가의 가장 기본적인 특징은 평가자가 피평가자의 일정기간에 걸친 노력 또는 성과를 평가하는 과정이다. 그러나 성과평가는 종종 조직분위기나 규범, 평가목적 등 성과평가를 둘러싼 환경에 의해 영향을 받는다. 또한 성과평가는 평가자의 익명성 보장 여부, 평가시기 및 회수 그리고 평가자의 훈련 등과 같은 정보를 얻는 방법에 의해서도 영향을 받는다. 이러 변수들은 주로 조직이 성과평가 시스템을 어떻게 설계하는가에 달려 있다.

2-1 분 석 틀

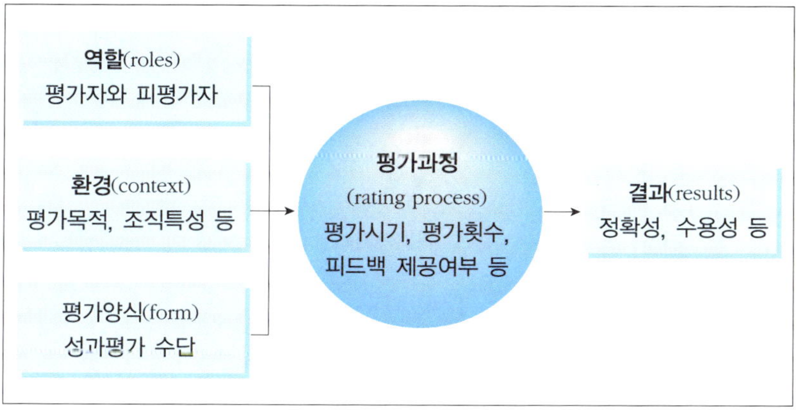

2-2 역 할

2-2-1 평가자의 인지적 과정

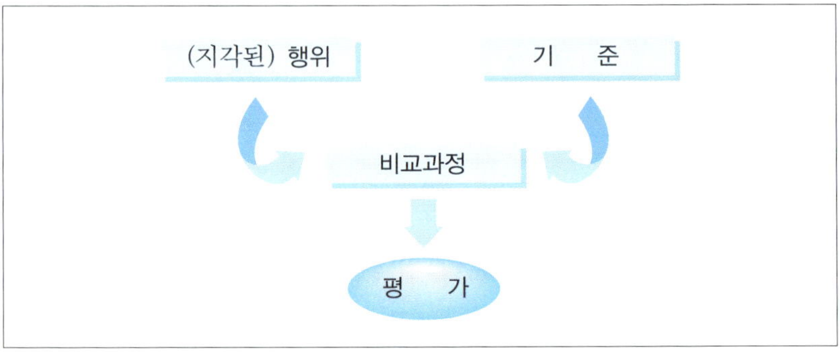

평가자는 평소 피평가자를 관찰한 정보를 토대로 평가기준과 비교하여 평가한다.

2-2-2 성과평가자 유형

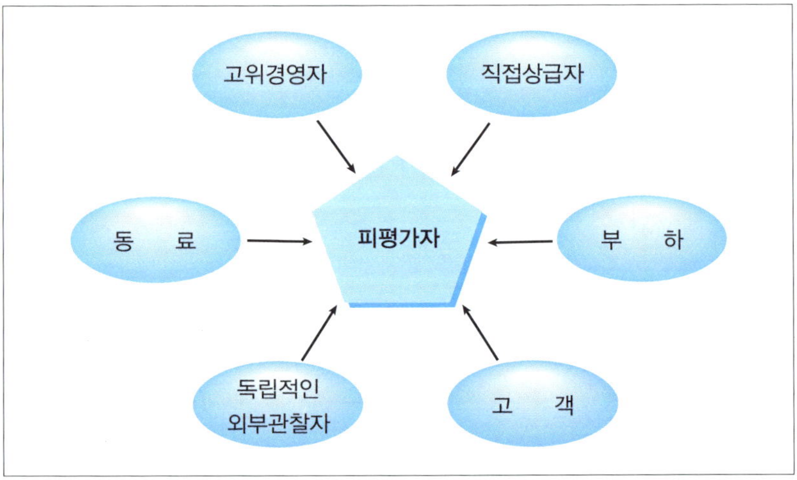

대체적으로 상급자가 평가를 하나, 상급자의 평가가 최선이 아

닌 경우도 많이 있을 수 있다.

2-2-3 평가자 유형별 과업 및 인간관계에 있어서 정보의 접근성

	부 하	자 신	동 료	직접 상급자	상위 경영층
과 업					
행 위	드묾	항상	자주	때때로	드묾
결 과	때때로	자주	자주	자주	때때로
인간관계					
행 위	자주	항상	자주	때때로	드묾
결 과	자주	자주	자주	때때로	드묾

2-2-4 평가자의 요건

타인을 평가한다는 것은 쉬운 일이 아니다.

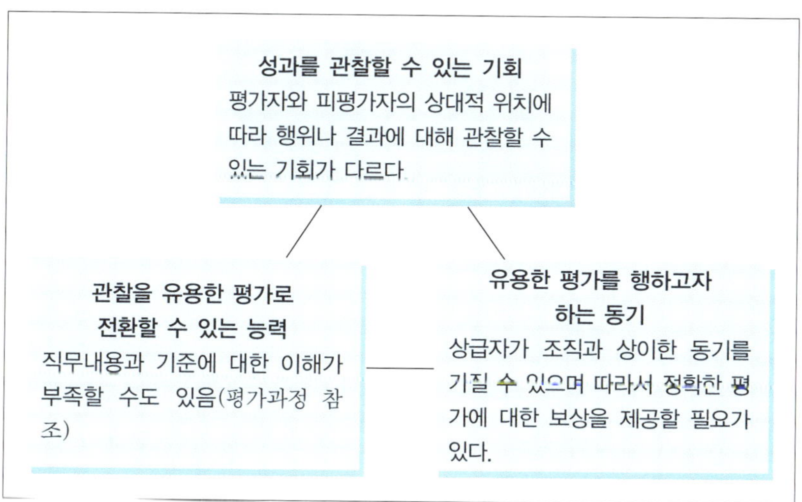

2-3 평가환경: 평가목적

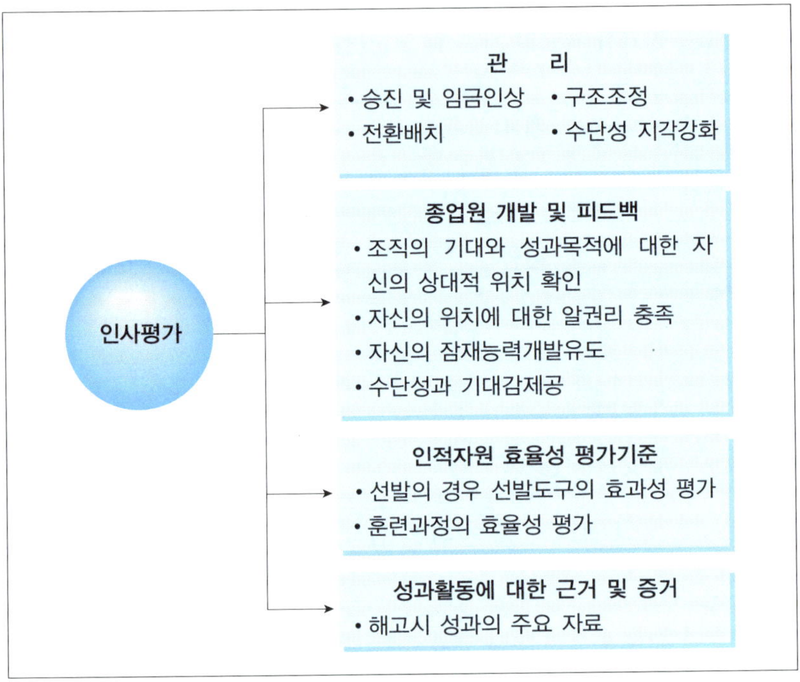

2-4 성과평가 목적에 따른 평가의 특징

성과평가 결과를 어떻게 활용하느냐에 따라 평가자와 피평가자의 태도와 행동이 달라질 수 있다.

① 종업원의 성과를 증진시키기 위해서는 무엇보다도 성과평가를 관리적 의사결정에 활용할 필요가 있으며 동시에 평가결과를 종업원에게 정확히 알려주어 추후의 성과를 상승시킬 필요가 있다.

② 그러나 성과평가의 두 가지 목적 사이에는 평가자나 피평가자에게 요구되는 행위에 커다란 차이가 있어 갈등이 발생될 수 있다.

③ 관리적 의사결정에 있어서는 평가자에게 주로 평가 및 판단의 역할이 요구되고 있으며, 반면에 종업원 개발에 있어서는 평가자가 주로 상담자 또는 조력자의 역할을 수행하게 된다. 상담자의 역할은 근본적으로 비평가적이고 종업원 위주의 관계를 요구한다.

	관리적 목적	종업원 개발목적
초 점	• 과거성과	• 미래성과의 개선
목 적	• 효과적 인적자원 정책에 의한 성과증진	• 자기학습 및 성장에 의한 성과증진
상급자의 역할	• 판단 및 평가	• 상담 조언 및 안내
하급자의 역할	• 수동적 · 반응적, 때때로 자기방어적	• 학습에의 적극적 참여

2-5 평가수단의 개발과 유형

성과평가가 합리적 인적자원관리에 기여하기 위해서는 다음의 두 가지 전제조건을 충족시켜야 한다. 먼저, 종업원이 직무를 통하여 조직에 기여할 수 있는 분야, 즉 성과차원(performance dimension)을 식별하여야 한다. 성과차원을 식별한 후에는 해당 성과차원별로 종업원의 상대적 기여도에 대한 기준(standards)을 개발하여야 한다.

2-5-1 측정수단의 개발

① 조직은 직무분석에 기초하여 성과차원과 성과기준을 마련하여야 한다. 미국의 「평등고용법」의 경우 인적자원 의사결정에 있어서 직무관련성(job-relatedness)을 상소하기 때문에 성과평가도 직무분석을 기초로 하여 개발하는 것이 중요하다.

② 또한 직무분석에 의한 성과평가의 개발은 직무성공에 중요한 요소가 성과측정에 있어서 누락되는 경우(측정결핍: measurement deficiency)나 직무성공과 관련이 없는 요소가 성과측정치에 포함되는 경우(측정오염: measurement contamination)의 가능성을 줄일 수 있다.

③ 마지막으로 명확하고 구체적이고 어려운 기준(목표)은 종업원 성과를 상승시키는 경향이 있다.

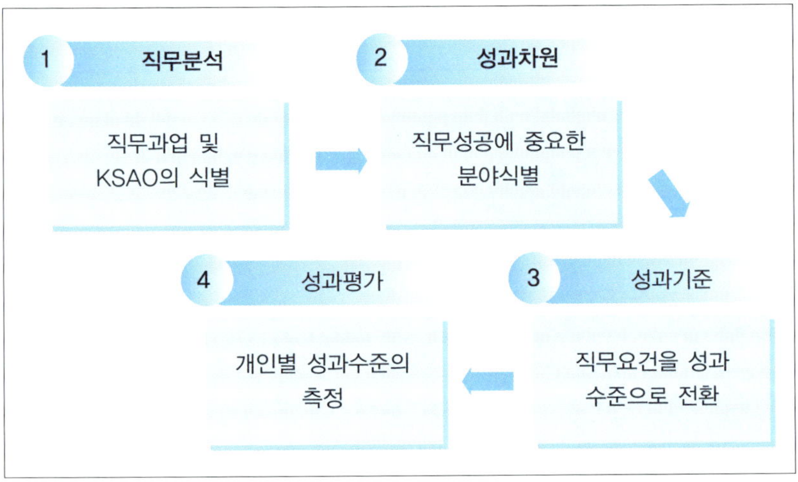

2-5-2 성과평가에 있어서 구성타당도

구성타당도(construct validity)란 우리가 측정하고자 하는 것, 즉 개념을 실제로 측정하는 정도를 의미한다. 따라서 성과평가에서는 성과평가가 종업원의 실제 성과를 정확하게 측정하는 정도를 나타낸다.

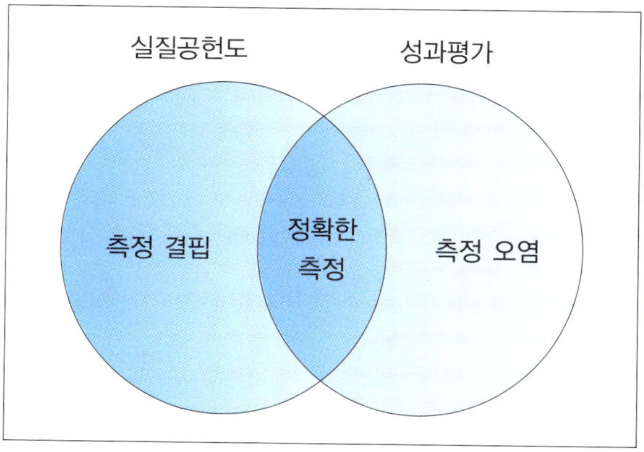

2-5-3 평가수단의 유형

성과측정에는 크게 계량적 방법과 주관적 방법 등 두 가지가 있다. 계량적 방법은 생산 및 영업자료(판매액, 생산량, 제품불량비율 등)나 성과자료(사고, 사퇴, 결근, 근태 등) 등에 의해 성과를 측정하는 방법이다. 반면 주관적 방법은 평가자가 피평가자의 성과를 평가하는 것으로 주관적 판단(subjective judgment)이 개입된다.

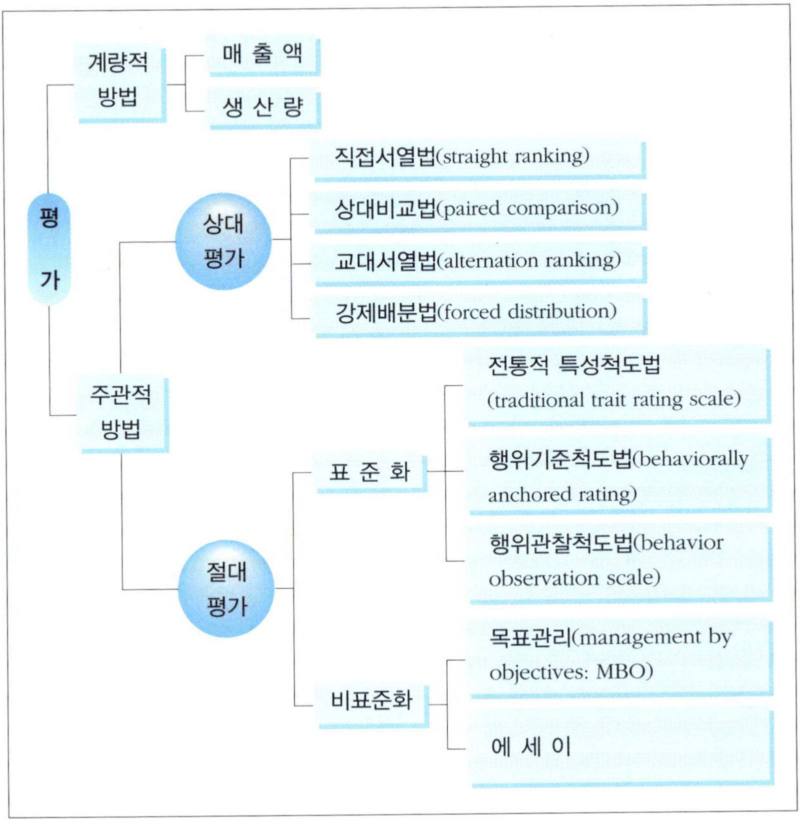

2-5-4 강제배분법의 특징

① 통상 정규분포 가정

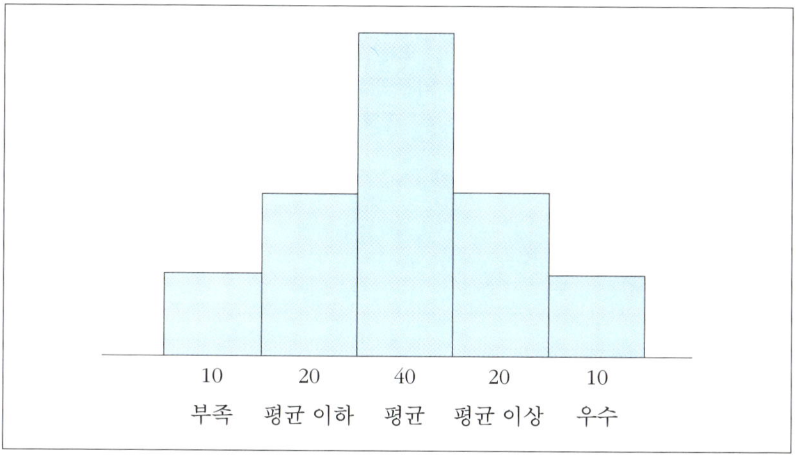

② 관대화(leniency), 혹독화(severity)와 중심화경향오류(central tendency error) 통제목적

③ 집단간 차이 미반영

④ 정규분포 가정이 틀린 경우 새로운 오류 발생

2-5-5 상대평가의 단점

① 특정 피평가자의 성과가 만족할 만한 수준인지를 판단할 수 없다.

② 피드백정보로 활용할 수가 없다.

③ 방어적 태도, 집단 내 경쟁심 유발한다.

④ 오염의 개입여지가 많다

- 구체적 성과보다는 전반적 성과의 비교

2-5-6 전통적 특성척도법(Traditional Trait Rating Scale)의 특징

① 전통적 특성척도법의 예

차 원	불만족(1) 상당한 개선 필요	의문(2) 약간의 개선 필요	양호(3) 기대충족	우수(4) 기대를 크게 상회
작업의 질				
작업의 양				
업무의 적극성				
승진잠재력				

② 직무분석에 근거하지 않는 다차원

③ 일반적 성과차원(general performance dimension)

- 작업의 질, 작업의 양과 같은 성과차원은 조직 내 모든 직무에 적용할 수 있다.

④ 판단(judgment)에 의한 성과척도 측정

- 평가자의 주관에 의해 척도가 매겨진다.

2-5-7 행위기준의 평가

(1) 행위기준 평가척도개발

① 중요사건(critical incidents)의 식별: 직무에 대한 지식이 있는 사람(직무담당자나 상급자)들이 효과적이거나 비효과적인 직무행위를 기술한다. 이런 기술을 중요사건이라고 부르며 이 단계가 직무분석의 형태를 취하는 것이다.

② 성과차원(performance dimension): 중요사건을 소수의 성과차원들(보통 5개 내지 10개)로 집단화한다. 그리고 각 성과차원에 대한 정의를 내린다.

③ 재해석(retranslation): 직무를 잘 아는 두 번째 집단이 중요사건들

을 재해석한다. 두 번째 집단에게 중요사건을 기술한 목록과 성과차원의 정의를 주고 개별 중요사건들을 성과차원에 배정하도록 한다. 통상 두 번째 집단구성원의 일정비율(50-80%)이 첫 번째 집단과 동일한 성과차원에 배정한 중요사건만 평가항목으로 유지된다. 이렇게 유지된 중요한 사건들을 '재해석'되었다고 한다.

④ 중요사건의 척도화(Scaling Incidents): 두 번째 집단은 특정 성과차원 내의 중요사건을 효율성 정도에 따라 평가한다. 중요사건에 대한 평균은 해당 사건이 어느 정도로 직무수행에 효율성을 나타내는지를 보여준다. 개별사건의 평가에 있어서 표준편차는 해당 사건의 효율성에 대한 평가자 간의 일치 정도를 나타낸다. 표준편차가 적을수록 평가자 간 평가결과의 일치도는 높다. 통상 7점 척도에서 표준편차가 1.5 이하인 중요 사건만 최종평가항목으로 선택된다.

⑤ 측정도구 개발: 개별 성과차원에 대해 재해석과 표준편차의 기준을 통과한 중요사건만 측정 항목으로 활용된다. 이러한 중요사건들은 행위지표(behavioral anchors)로 활용되어 이전 단계에서 결정된 평가 평균값에 따라 평가도표상에 위치하게 된다. 이상의 방식으로 개발된 BARS의 예가 다음에 제시되어 있다.

(2) 행위기준의 평가척도(Behaviorally Anchored Rating Scale: BARS)

동기부여: 열심히 작업하고자 하는 의사

7 — 작업책임 완수 후 다른 종업원의 업무를 도와주는 것이 예상된다.

6

5 — 상급자가 없어도 작업을 수행하는 것이 예상된다.

4

3 — 초과근무를 거절하는 것이 예상된다.

2

1 — 타인보다 신속히 작업을 하는 동료를 비판할 것이 예상된다.

Q. 당신의 평정의 근거가 되는 중요사건을 기술하시오.

(3) **BARS**의 장·단점

장 점	단 점
• 직무분석에 기초	• 개발시 많은 시간과 비용
• 실제 관찰된 행위에 기초	• 직무한정적(job specific)
• 개발시 종업원의 참여	• 중요사건만 취급

(4) 행위관찰척도(Behavior Observation Scale: BOS)

[변화에의 저항 극복]

	거의 아니다				거의 항상
(1) 하급자에게 변화내용을 자세히 설명한다.	1	2	3	4	5
(2) 변화가 왜 필요한지를 설명한다.					
(3) 변화가 종업원에게 어떻게 영향을 미치는지를 논의한다.	1	2	3	4	5
(4) 종업원의 관심사를 주의 깊게 듣는다.	1	2	3	4	5
(5) 변화가 잘 시행될 수 있도록 종업원에게 도움을 청한다.	1	2	3	4	5
(6) 필요하다면 종업원의 관심사항을 충족시키기 위하여 추후 회의날짜를 설정한다.	1	2	3	4	5

합계 = [ ]

보 완	보 통	우 수	월 등	아주우수
6-10	11-15	16-20	21-25	26-30

[특 징]

① 후광효과(Halo effect)는 큰 문제는 아니나 관대화 경향은 통제하지 못 함.

② 분석적 피드백이 가능함.

2-5-8 비표준화 척도

(1) 에세이(essay)

① 지침에 따라 평가자가 자유롭게 기술

② 피평가자 간 비교가 어렵다.

(2) 목표관리

① 일정기간 달성할 성과목표설정 후, 평가기간 말 목표에 비추어 성과를 평가

② 상사에 의한 일방적 평가를 지양하고 부하의 참여하에 설정된 구체적이고 측정가능한 목표에 대하여 평가

Ⅲ. 평가오류

① 성과평가의 결과는 다양한 인적자원 의사결정에 있어서 기준으로 활용되므로 성과평가는 종업원의 능력이나 성과를 정확히 반영할 수 있어야 한다.

② 그러나 주관적 판단과정에는 다양한 오류가 개입될 여지가 있다는 것은 이미 널리 알려진 사실이다.

③ 관대화 경향(leniency), 범위제한(range restriction), 그리고 후광효과(halo error)와 같은 가장 흔한 평가오류들은 이미 60년 전부터 논의되어 왔으며 현재까지도 평가결과에 대한 자료를 분석하는데 영향을 미치며 연구의 주된 주제가 되고 있다. 평가자 오류를 두 가지 유형, 즉 분포적 오류(distributional errors)와 상관관계적 오류(correlational errors)로 구별하여 논의하는 것이 바람직할 것이다.

3-1 분포적 오류

(1) 관대화, 혹독화, 범위제한, 중심화 경향 같은 평가자의 오류

는 평가점수의 분포가 직무성과의 분포와 다를 때 발생한다고 볼 수 있다.

예를 들어, 평가자가 행한 모든 평가결과의 평균값이 척도의 중간값에서 크게 벗어나 있다면, 평가자는 너무 혹독하거나(낮은 평가 평균) 또는 너무 관대하다고(높은 평가 평균) 생각할 수 있다. 이러한 주장의 암묵적 가정은 성과의 진정한 평균수준은 척도의 중간점과 대략 일치한다는 것이다. 마찬가지로 평가가 척도의 중간점에 모여 있다면, 중심화 경향이 가정된다. 이 경우에는 성과의 진정한 분포는 정규분포를 따라 성과의 변동이 크다고 가정하고 있다. 마지막으로, 평가결과의 변동이 적다면, 범위제한이 가정된다.

(2) 관대화, 범위제한, 중심화 경향에 대한 측정에 내재되어 있는 가정에 대해서도 비판되어 왔다.

첫째, 성과의 진정한 분포는 알 수 없으며 성과에 대한 분포가 정규분포를 따른다는 가정을 실증적으로 정당화할 수 없다. 통계적으로 편의성 때문에 정규분포가 가정되고 있을 뿐이다.

둘째, 조직은 성과의 분포가 비정규적으로 만들려고 상당한 노력을 기울이고 있다. 선발, 훈련, 동기부여 등과 같은 다양한 인적자원 활동들은 성과의 분포가 한 쪽으로 쏠리도록(skewed) 만든다. 모든 종업원이 탁월한 성과를 보인다면 어떤 경영자도 기뻐할 것이다.

셋째, 이들 가정은 작업집단 간 평균적 성과의 차이가 없다고 가정하고 있다. 따라서 평가자 A가 평균이 5.0(7.0점 척도에서)이고 평가자 B의 평균이 4.1이라면, 평가자 A가 평가자 B보다 관대화하다고 여겨질 수 있다. 그러나 실제에 있어서는 평가자 A의 부하들이 평가자 B의 부하들보다 월등히 높은 성과를 보일 가능성이 있다. 리더십에 관한 연구들은 리더의 효율성에 따라 집단의 성과가 크게 달라질 수 있다는 것을 제시하고 있다. 자원, 리더십, 과업 등과 관계없이 모든 집단이 동일한 성과수준을 보인다고 가정하는 것은 비논리적이다.

(3) 그러나 분포적 오류에 대한 상당한 논리적 주장도 있다.

평가자들은 ① 피평가자로부터 호감을 받기 위해서, ② 부정적 피드백에 대한 거부감, ③ 다른 평가자들이 평가를 높게 준다는 우려 때문에, 그리고 ④ 비정상적으로 높거나 낮은 기준 등으로 인하여 관대하게 평가할 수도 있다.

마찬가지로 중심화 경향과 범위제한은 ① 모험을 회피하고자 하는 의사, ② 관찰기회의 부족, 그리고 ③ 조직이나 피평가자에게 높거나 낮은 평가를 정당화하려는 노력 회피 등과 같은 이유에서 발생할 수 있다.

그러나 이러한 주장은 널리 수용되고 있으나 아직 실증적으로 검토되지는 않아 현재로서는 가설로 남아 있다.

3-2 상관관계적 오류

3-2-1 후광효과(halo effect)

① 평가자들이 명확히 구별되는 성과차원들에 대해서 유사한 평가를 행하는 경향은 오래 전부터 알려져 왔다. 성과차원 간 유사한 평가는 성과차원 간 상관관계를 부풀리는 결과를 초래하게 된다. 이런 경향을 후광효과(halo effect)라고 한다.

② 후광효과는 ㉠ 피평가자에 대한 전반적 인상에 의해 구체적 차원에 대한 평가가 영향을 받거나 ㉡ 평가자가 평가차원을 구별하지 않으려는 경향에 의해 발생한다. 후광효과가 작용하다면 성과차원들은 피상적으로 높은 상관관계를 보이며 성과차원에 따른 개인성과의 차이를 식별할 수 없게 된다. 또한 평가자들이 전반적

인상에 의해 피평가자를 배분하기 때문에 강제배분법은 후광효과를 줄이는 데 적합하지 않다.

3-2-2 논리적 오류(logical errors)

① 후광효과와 유사한 오류로서 논리적 오류(logical errors)를 들 수 있다. 논리적 오류는 논리적으로 연관이 있다고 생각하는 특성들 사이에 유사한 점수를 부여하는 것을 의미한다. 물론 성과차원이 논리적으로나 실증적으로 독립적이지 않다면 이것은 '오류'가 아니라 정확한 평가를 반영하는 것이다.

② 후광효과와 마찬가지로, 논리적 오류는 성과차원간의 상관관계를 부풀린다. 그러나 후광효과는 피평가자 개인 내의 성과차원간 상관관계를 부풀리는 반면, 논리적 오류는 피평가자와는 관계없이 성과차원 간 상관관계를 부풀리는 것이 다르다.

③ 논리적 오류는 추상적 특성보다는 관찰가능하고 직무와 관련이 있는 행위를 평가하게 함으로써 동시에 성과차원에 대한 정의와 설명을 명확히 함으로써 어느 정도 줄일 수 있다.

Ⅳ. 평가자 훈련의 설계

최근에는 평가오류를 줄이고 평가의 정확성을 증대시키기 위한 평가자 훈련이 관심의 대상이 되고 있다. 그러나 지금까지의 연구결과로 보아서 평가자에 대한 훈련은 그다지 성공적이지 못한 것 같다. 대부분의 평가자 훈련은 평가오류에 대한 지식과 평가오류의 회피를 강조하였다. 그러나 평가오류에 대한 강조는 평가자로 하여금 또 다른 형태의 강제된 오류를 결과하도록 하는 것 같다. 평가자 훈련이 효과적이기 위해서는 직무의 성과요건이나 관찰기법을 강조하는 훈련이 필요할 것이다.

4-1 훈련방법의 분류

[훈련 내용]

훈련내용 / 훈련방법	평가자 오류 훈련	성과 차원 훈련	평가자 준거 훈련
강의(Lecture)	* * *	*	
집단토의(Group discussion)	* *	* * *	
연습(Practice and feedback)	* *	* *	* * *

비고: * * * : 훈련방법과 훈련내용이 잘 적합함.
* * : 훈련방법과 훈련내용이 적합함.
* : 훈련방법과 훈련내용이 다소 적합함.

4-1-1 훈련방법

(1) 강의(lecture)

전통적 교실 수업으로 피훈련자의 참여는 미미하다.

(2) 집단토의(group discussion)

피훈련자가 훈련내용을 충분히 이해하도록 집단 참여(group participation)를 활용한다. 토의집단은 특정 오류에 대한 해법을 제시하거나 평가대상이 되는 직무의 성과차원(performance dimension)을 식별하도록 요구될 수 있다.

(3) 실습과 피드-백(practice and feedback)

피훈련자에게 직무성과를 평가할 기회를 제공한다. 피훈련자는 자신의 평가와 전문가 혹은 사전에 결정된 '진정한 점수(true score)'와 비교한다. 훈련자는 피훈련자가 어떠한 오류를 범했는지에 대해 구체적으로 피드백할 수 있다.

4-1-2 훈련내용

(1) 평가자 오류 훈련(rater error training)

후광효과(halo), 중심화 경향(central Tendency) 및 대비오류 관대화(leniency; contrast error) 등과 같은 일반적 오류의 예를 제시함으로써 오류를 줄이려고 한다.

(2) 성과차원 훈련(performance dimension training)

피훈련자들에게 성과차원을 익숙하게 함으로써 평가의 효율성을 증진시키려고 시도한다. 피훈련자에게 직무기술서를 제공하거나, 평정척도(rating scale)를 검토하게 하거나 평정척도 개발에 참여시킴으로써 성과차원을 이해시킨다.

(3) 성과기준 훈련(performance standards trainings)

피평가자의 성과를 평가하는 준거 틀(frame of reference)을 제공하고자 한다. 평가자들이 성과기준에 대해 공통으로 인식하게 하는 데 목적이 있다. 피훈련자에게 직무성과의 예와 함께 '진정한 점수'를 제시함으로써 준거 틀을 형성하도록 한다.

연습문제

1. 성과평가를 실시하는 목적 3가지를 들고 설명해 보시오.

2. 평가자를 선택하는 데 있어서 고려해야 할 세 가지 특성을 설명하시오.

3. 종업원 개발 목적을 지닌 성과평가의 특징은?

① 미래 성과의 개선
② 수단성 증진
③ 구체적인 훈련 및 개발 필요성 식별
④ ①과 ③
⑤ ①, ②, ③ 모두

4. 평가자 유형에 관한 설명 중 맞는 것은?

① 자기평정은 자신의 강점과 약점을 파악 · 개선하는 데 유용하며 보통 관리층의 평정에 보충적 기법으로 쓰인다.
② 동료평가는 경쟁적 분위기가 지배적이고 동료간 신뢰가 정착되지 못한 분위기에서는 오히려 역효과를 낼 수 있다.
③ 하급자는 상사의 직무를 잘 안다는 점에서 관리목적으로 적절하다.
④ ①과 ②
⑤ ①, ②와 ③

참고문헌

Cummings, L. L. & Schwab, D. P.(1973), *Preformance in Organizations: Determinants & Appraisal*, Scott, Foresman and Co.

Heneman Ⅲ, H. G., Schwab, D. P., Fossum, J. A., & Dyer, L. D.(1989), *Personnel / Human Resource Management*, 4th ed., Homewood, IC: Irwin.

Latham, G. P. & Wexley, K. N.(1981), *Increasing Productivity Through Performance Appraisal*, Addison-Wesley.

Milkovich, G. T. & Boudeau, J. W.(1994), *Human Resource Management*, 7th ed., Irwin, Inc.

Murphy, K. R. & Cleveland, J. N.(1991), *Performance Appraisal: An Organizational Perspective*, Simon & Schuster, Inc.

Murphy, K. R. & Cleveland, J. N.(1994), *Understandind Performance Appraisal: Social, Organizational and Goal-Based Perspectives*, Sage.

제 15 장

임금수준과 구조

●학습목표●

보상(compensation)은 지원자를 유인하고, 조직구성원을 유지하고 그리고 조직구성원의 성과를 극대화하는 사용자의 능력에 직접적 영향을 미치는 전략적 분야 중 하나이다. 보상은 노동력이나 노력에 대응하여 주어지는 임금(wage)과 복지후생(benefits)을 의미한다. 경쟁우위의 한 요소로서 보상관리의 역할, 즉 보상관리가 사업전략달성에 어떻게 지원하며 그리고 외부환경에 어떻게 적응하는가를 논의를 하고자 한다.

Ⅰ. 보상의 정의

보상은 노동력이나 노력에 대응하여 주어지는 임금(wage)과 복지후생(benefits)을 의미한다.

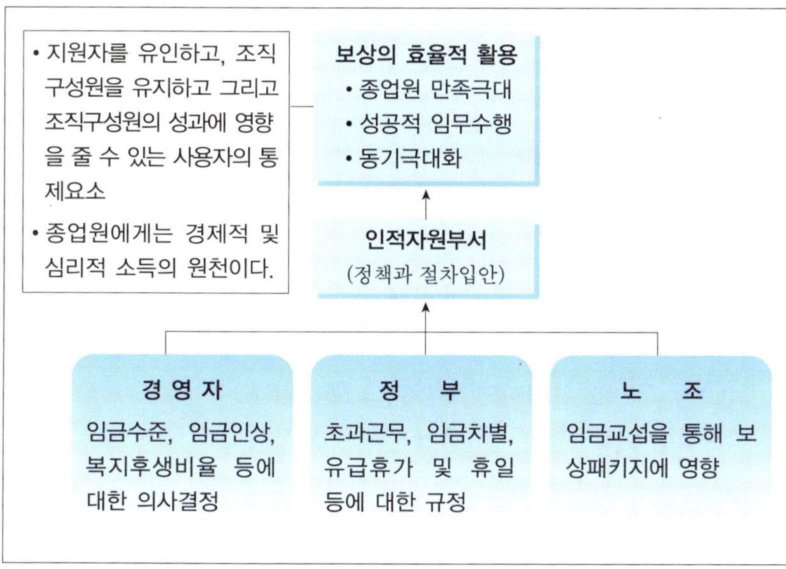

① 보상(compensation)은 무엇인가에 대한 대가로 주어지는 것을 의미하며 교환(exchange)을 전제로 한다. 즉 노동력이나 노력에 대응하여 주어지는 임금(wage)과 복지후생(benefits)을 의미한다. 보상은 지원자를 유인하고, 조직을 유지하며 조직구성원의 성과를 극대화하는 사용자의 능력에 직접적 영향을 미치는 HR활동 중 하나다.

② HRM은 보상이 효율적으로 사용되도록 정책과 절차를 수립하는

데 책임을 지지만 보상과 관련된 이해관계자의 민감한 반응으로 인하여 일반적으로 CEO가 전반적인 임금수준, 임금인상, 복지후생의 종류 등에 대해서 직접적으로 관여하는 경우가 많다.

Ⅱ. 보상과 사업전략

① 조직 구성원들이 임금에 대해 많은 관심을 갖고 있으므로 조직은 특정 임금관리기법을 선택하는 데 신중하여야 한다. 특정 임금관리기법들은 "이 기법이 우리 조직에 어떤 영향을 미치는가?" 또는 "이 기법이 조직의 목적을 달성하는 데 어떻게 기여하는가?" 등을 신중하게 고려하여야 한다.

② 상황적합주의자(contingency theorist)들은 조직의 사업전략에 따라 임금 시스템을 설계하여야 한다고 주장한다.

③ 상황적합주의자들은 ㉠ 사업전략과 보상전략의 적합(fit)이 클수록 조직이 보다 효율적이 되고 ㉡ 서로 다른 사업전략은 서로 다른 보상시스템을 결과할 것이라는 전제를 가지고 있다.

2-1 보상시스템의 전략적 관점

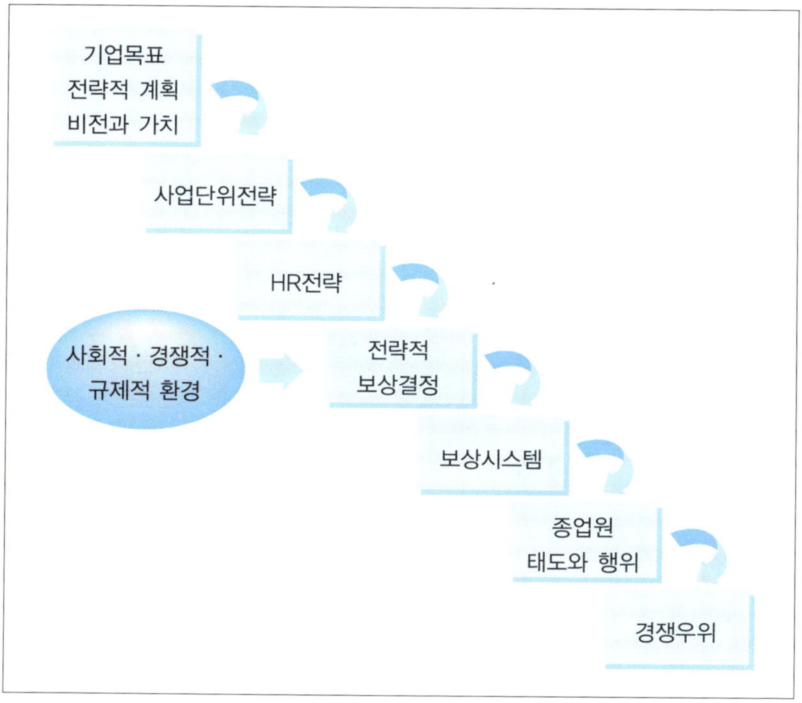

출처: Milkovich, G. T. & Newman, N.(1999), *Compensation*, 6th ed., Irwin, 25.

[보상전략의 개발 4 단계]

1. 조직문화, 경쟁자 압력, 종업원 욕구 그리고 조직전략이 보상에 미치는 의미를 평가한다.
2. 조직전략과 환경을 고려하여 전략적 보상결정을 행한다.
3. 전략을 절차로 구체화시키기 위한 보상시스템을 설계한다.
4. 적합도를 재평가한다.

2-2 전략에 따른 보상시스템

전략		필요 행동		인재		보상시스템
혁신전략: 제품복잡성 증대 및 제품 사이클 전략	➡	• 제품리더십 • 대량판매 및 혁신 • 사이클 시간단축	➡	영민하고 위험을 감수하는 혁신적 인재	➡	• 제품 및 과정혁신 보상 • 시장기준의 임금 • 융통성 있는 일반적인 직무기술서
비용절감: 효율성 초점	➡	• 운용혁신 • 비용절감프로그램 추진	➡	저투입 고산출	➡	• 경쟁사 노무비 • 변동임금 증대 • 생산성 강조 • 시스템 통제와 작업전문화 강조
고객위주: 고객기대 증대	➡	• 고객친밀성 • 고객문제해결 • 신속한 시장진입	➡	기대 이상의 고객만족	➡	• 고객만족에 대한 인센티브 • 고객접촉에 중요한 스킬

출처: Milkovich, G. T. & Newman, N.(1999), *Compensation*, 6th ed., Irwin, 26.

전략적 관점의 기본 전제는 보상시스템과 사업전략을 적합시키는 것이다. 사업전략에 따라 보상시스템의 주요 강조점이 달라질 수 있다. 혁신전략을 취하는 조직은 스킬이나 직무의 평가보다는 위험감수(risk taking)를 좀더 강조하여 새로운 제품이나 과정에서 혁신에 대한 인센티브를 적극 활용하고자 한다. 반면에, 비용절감을 추진하는 조직은 어떻게 직무를 수행하여야 하는가를 자세히 규정함으로써 비용을 줄이고 생산성을 늘리려고 한다. 고객위주의 전략을 추진하는 기업들은 임금을 종업원의 고객만족 정도에 맞추어 설계하고자 한다.

Ⅲ. 원인과 결과로서의 보상

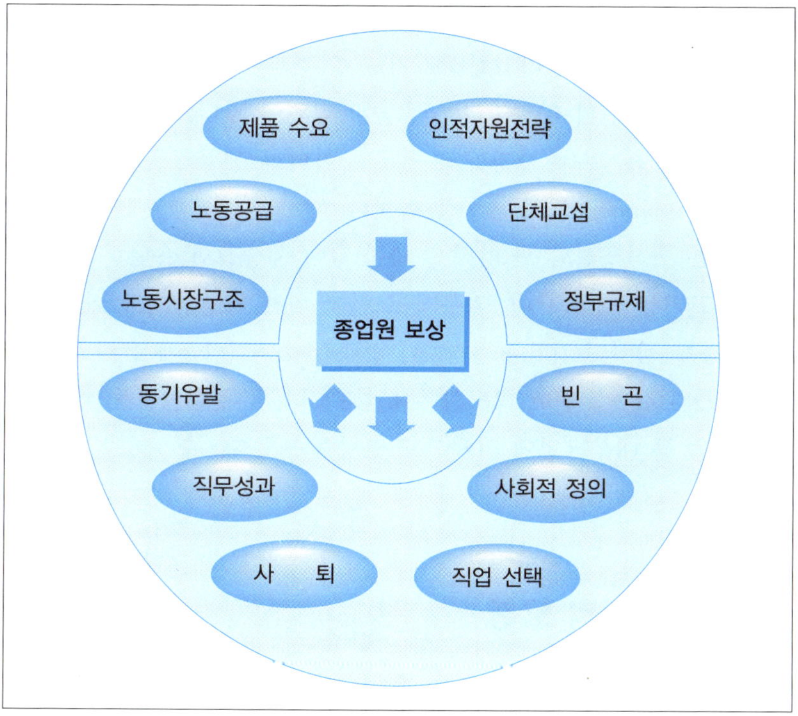

보상, 즉 임금은 연구주제에 따라 종속변수나 독립변수로 사용된다. 회사의 인적자원전략, 단체교섭, 노동력 공급 상황 등은 특정 회사의 보상수준과 구조에 영향을 미친다. 반면에 보상은 조직구성원의 동기유발, 사퇴, 성과 등에 영향을 미친다.

Ⅳ. 임금관리의 특징

① 임금관리는 총체적 경영시스템의 일부분이다. 임금관리는 채용, 훈련, 성과평가 등 다양한 HR 기능 중 하나이다.

② 임금은 종업원의 다양한 욕구충족과 관련이 있다. 임금은 하위욕구(예 신체적 욕구나 안정의 욕구)뿐만 아니라 상위욕구(예 자아실현이나 자존의 욕구)에도 영향을 미친다.

③ 임금은 조직행위의 관리 및 통제에 있어서 중요한 수단이다.

④ 임금관리는 조직의 내·외부적 요인에 의해 영향을 받는다. 임금은 경제 상황(호경기나 불경기), 정부규제(최저임금제 등), 노동조합(단체교섭을 통하여) 등 외부요인과 회사의 철학, 지불능력, 조직계층 등 내부요인에 의해서도 영향을 받는다.

Ⅴ. 임금관리 모형

조직이 보상시스템을 설계하기 위해 선택할 수 있는 변수들로는 임금형태, 임금수준, 임금구조, 임금체계 등이 있다. 조직은 이들 변수를 이용하여 조직이 바라는 결과(즉, 성과 증진, 종업원 만족도 증진, 역량개발이나 이직 감소 등)를 달성하고자 한다.

5-1 보상형태

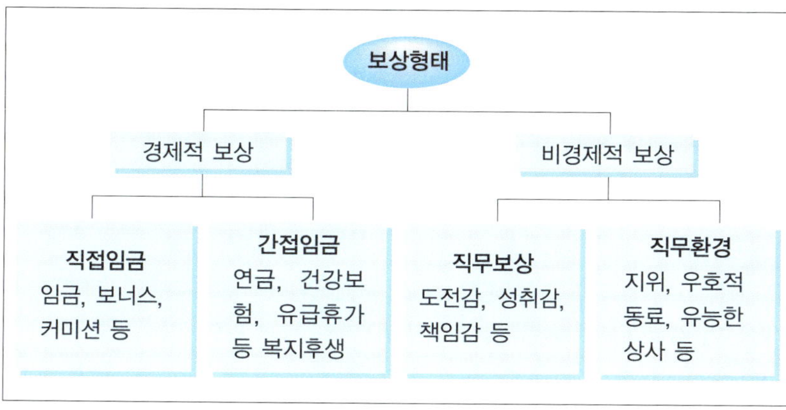

종업원들은 고용관계로 인해 다양한 보상을 받는다. 경제적 보상은 총보상의 한 부분이다. 비경제적 보상도 중요하나 기업의 임금관리는 주로 경제적 보상에 초점을 맞추고 있다. 그러나 HR담당자는 조직 구성원의 특성에 맞게 임금형태를 결정해야 한다.

5-1-1 경제적 보상

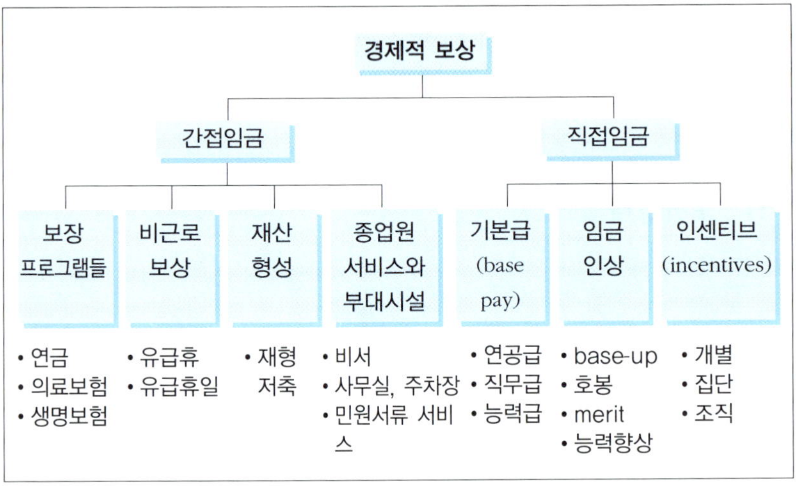

[용어정리]

간접임금(indirect pay): 서비스와 복지후생(예 연금, 건강보험, 휴가 등)을 통해 받는 임금

직접임금(direct pay): 현금의 형태(예 임금, 보너스, 인센티브 등)로 직접 받는 임금

기본급(base pay): 업무수행의 대가로 종업원에 지불되는 기본적 현금보상으로 업무가치나 연공을 주로 반영하며 개인적 공헌의 차이는 무시되는 경향이 있다.

base-up: 물가나 생계비 상승에 따른 일률적인 기본급 인상

merit 임금: 우수한 과거 성과에 따른 보상. 대부분의 merit 프로그램은 성과수준에 따라 차등인상을 시도하고 있다. merit 임금은 일시불(lump-sum payment) 또는 기본급에 대한 인상으로 지불된다.

초봉: 근속연수(seniority)의 증가에 따른 임금인상

보너스(bonus): 목표달성에 따른 일시적 임금

인센티브(incentive): 미래성과에 영향을 주기 위해 사전에 제시되는 유인(예 판매커미션)

5-1-2 비경제적 보상

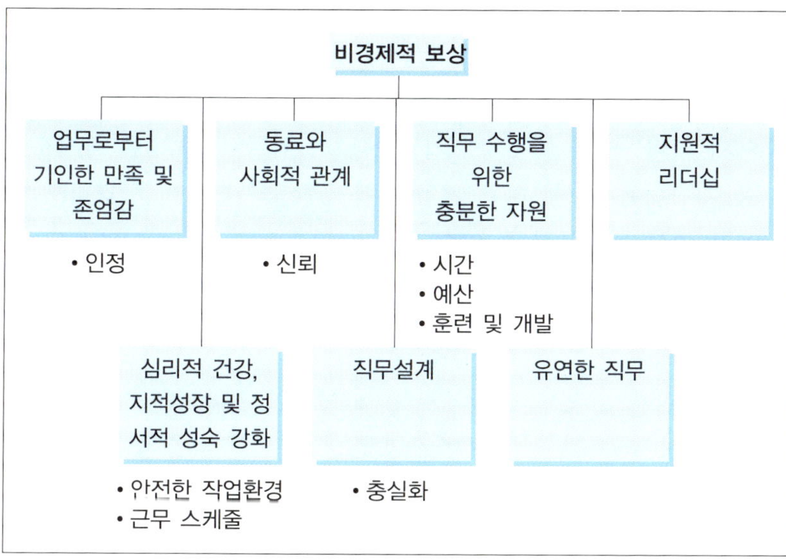

비경제적 보상은 복잡하고 분류하기가 어려우며 경제적 보상과 상호작용한다.

5-2 임금수준

5-2-1 임금수준의 의의

임금수준은 사용자가 지불하는 임금률(pay rate)의 평균을 의미한다. 임금수준은 노동비용 측면에서 뿐만 아니라 지원자의 유인, 종업원 사퇴율과 밀접한 관계가 있기 때문에 충분히 고려되어야 한다.

5-2-2 임금수준의 결정

① 임금수준 결정은 임금수준뿐만 아니라 경력개발기회, 도전적 직무제공 등 비경제적 요인과 복지후생 등 임금형태의 믹스도 고려해야 한다. 예를 들어, 한 기업은 낮은 임금과 폭 넓은 복지후생을 제공하는 반면, 다른 기업은 복지후생의 비중이 상당히 적어 높은 임금을 지불할 수 있다.

② 기업 간 경쟁력은 임금과 복지후생을 결합한 총 경제적 보상과 생산성을 비교함으로써 결정된다.

5-3 임금구조

5-3-1 임금구조의 의의

임금구조는 단일 조직 내에 업무 또는 숙련기술에 따른 임금률의 배열을 의미한다. 즉, 각 직급 간 임금의 차이에 초점을 맞추고 있다.

5-3-2 임금수준과 임금구조의 차이

① 사용자는 신규종업원이 맡게 되는 가장 낮은 직급의 직무에서만 외부노동시장에서 경쟁자와 경쟁하므로 외부노동시장이 임금수준에 영향을 미친다.

② 그러나 승진이나 전환배치에 의해서 충원되는 직급들에 따른 임금구조는 조직문화, 규범, 그리고 조직에의 기여도 등과 같은 조직 내부요소에 의해 크게 영향을 받는다.

③ 정리하면 임금수준은 외부노동시장을 고려한 것이라면 임금구조는 내부노동시장에 초점을 둔 개념이다.

[용어정리]

내부노동시장: 조직 내에서 서로 다른 직무에 종업원을 배분하는 규칙과 절차를 의미

5-4 임금체계

5-4-1 임금체계의 의의

- 임금체계는 임금을 결정하는 기준을 의미한다. 임금결정기준은 종업원의 성과와 동기유발에 직접적으로 영향을 미친다.
- 일반적으로 임금체계는 직무가치, 종업원가치 그리고 결과가치 등에 의해 결정된다.

[임금체계 결정기준의 유형]

결정기준	임금체계
직무가치	• 직무급(job based pay)
종업원가치	• 연공급(seniority based pay) • 숙련기술 위주 임금(skill based pay) • 역량위주 임금(competency based pay)
결과가치	• 개인별 인센티브(individual incentive plan) • 조직단위 보너스계획(organizational bonus plan)

Ⅵ. 임금과 동기유발

6-1 기대이론

6-1-1 기대이론의 구성

'제14장 성과평가 1-3 기대이론에서 본 성과평가의 역할' 참조

[직무성과와 만족 간의 선순환]

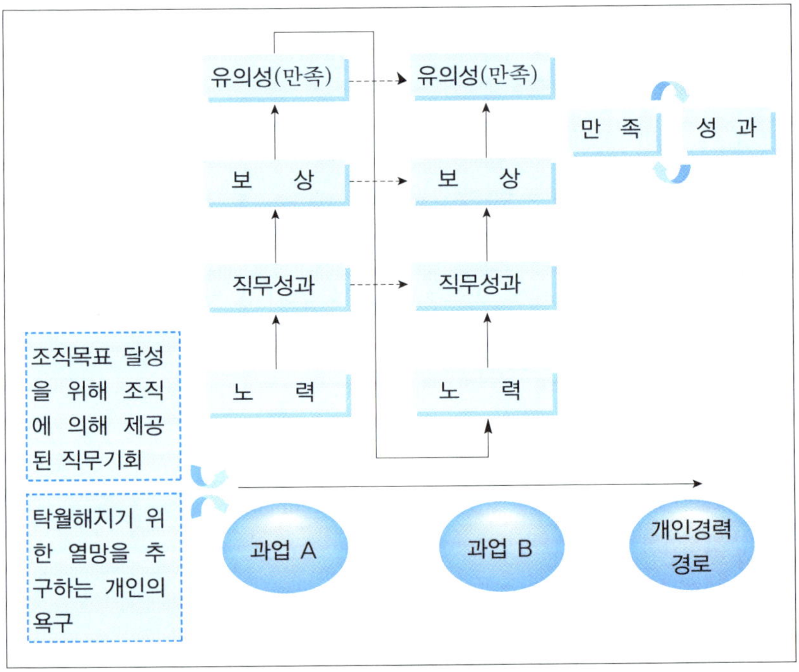

6-1-2 동태적 개념으로서의 기대이론

기대이론은 동태적 측면에서 동기유발과정을 볼 수 있으며, 이를 통해서 개인만족과 직무성과 간 선순환 구조를 설명할 수 있다(앞의 그림 참조).

6-1-3 경영에의 시사점

① 성과에 근거한 보상정책 - 수단성 강화
② 조직구성원 욕구에 맞는 보상 - 유의성 강화
③ 직무에 맞는 조직구성원 선발 - 기대감 강화
④ 역할기대의 명확화 - 기대감 강화
⑤ 필요능력에 대한 훈련제공 - 기대감 강화
⑥ 일관된 회사정책 및 시스템 - 수단성 강화

6-1-4 보상관리에의 적용

(1) 임금이 높은 성과를 자극하기 위해서는,
① 종업원은 임금이 중요하다고 생각하여야 한다.
② 종업원은 임금이 성과와 연계되어 있다고 지각하여야 한다.
③ 종업원이 노력하면 높은 성과를 낼 수 있다고 지각하여야 한다.

(2) 효율적으로 임금관리를 하기 위해서는,
① 성과는 정확히 측정되어야 한다.
② 임금상승이 가치 있는 결과이어야 한다.
③ 임금과 성과 사이의 관계가 명확히 규정되어야 한다.
④ 성과를 증진시킬 수 있는 기회가 존재하여야 한다.

6-2 공정성이론

① 사회적 교환관계를 개인이 평가하는 데 있어서 분배적 정의의 개념은 중요한 역할을 한다.

② Adams, J. S.(1963)가 제시한 공정성이론(equity theory)에 따르면 자신의 투입-결과 비율(*i.e.*, 자신의 분배적 정의에 대한 지각)이 비교대상(타인)의 투입-결과 비율(*i.e.*, 타인의 분배적 정의에 대한 지각)과 동일할 때 공정성이 존재한다고 하며 개인은 공정성을 느낀 사람은 만족을 경험한다.

③ 과대보상에 의한 불공정성은 자신의 투입-결과 비율이 타인의 투입-결과 비율보다 큰 경우에 발생하고, 이 경우 죄책감을 경험할 수 있다.

④ 과소보상에 의한 불공정성은 자신의 투입-결과 비율이 타인의 투입-결과 비율보다 적을 경우에 발생하고, 이 경우 분노와 불만족을 경험할 수 있다.

6-2-1 임금공정성

공정성이론은 개인욕구에 초점을 두기보다는 사회적 교환관계에서 얻어진 결과에 대한 정서적 또는 행위반응에 관심을 가진다. 임금에 관한 한 일반적으로 3가지 유형의 공정성이 논의되고 있다.

임금공정성 유형		HR 결과
외부공정성(external equity) 외부노동시장에서 지불되는 임금액에 대비한 임금에 대한 공정성 지각	➡	신규종업원 유인과 종업원 유지에 직접적으로 영향을 미친다. 다른 경쟁사보다 임금이 낮다면 유능한 지원자를 모집하기가 어려우며 현 종업원의 사퇴율 또한 높아질 것이다.
내부공정성(internal Equity) 단일 조직 내에서 직무 또는 숙련기술의 상대적 가치에 임금이 비례하는 정도	➡	종업원 경력개발, 승진동기에 영향을 미친다. 직급 간 또는 숙련기술 간 임금격차가 적다면 적은 임금으로 많은 책임을 지려고 하지 않을 것이다
개인공정성(individual equity) 동일 직급 또는 숙련기술 등급 내에서 성과와 연공 같은 개인특성이 임금에 반영되어지는 정도	➡	성과에 대한 동기에 직접적으로 영향을 미친다.

[공정성 유형별 목표와 임금요소 간의 관계]

공 정 성	임금요소	목　　표
• 외부공정성	• 임금수준	• 경 쟁 력
• 내부공정성	• 임금구조	• 내적 일관성
• 개인공정성	• 임금체계	• 성　　과

Ⅶ. 임금수준

7-1 임금수준의 의의

① 모든 조직은 제품시장과 노동시장의 경쟁에 직면하고 있다

② 제품시장경쟁은 임금수준의 상한선을 결정하고 노동시장은 임금수준의 하한선을 결정한다.

③ 노동비용이 전체비용 중 차지하는 비율이 클 경우(예 노동집약적 산업)와 제품수요가 가격에 의해 민감하게 반응할 경우(예 제품수요가 탄력적일 때)에 상한선이 낮아지는 경향이 있다.

④ 노동시장경쟁은 노동자를 고용하기 위해서 지불하여야 하는 임금수준에 의해서 이루어지므로 노동시장경쟁은 임금수준의 하한선을 결정한다.

7-2 임금수준의 결정과정

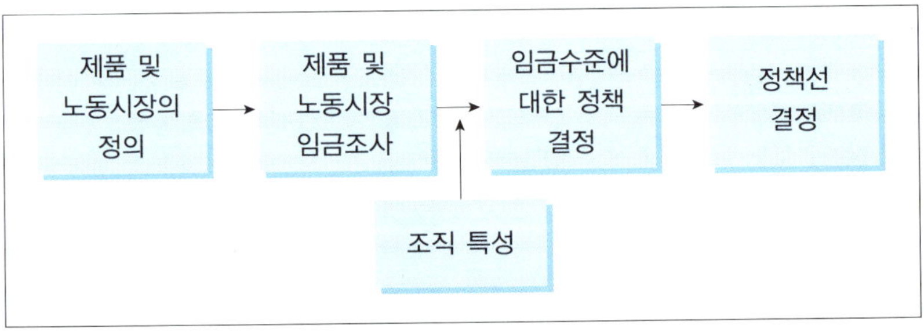

기업이 임금수준을 결정하기 위해서는 ① 기업이 노동력을 공급받는 노동시장, ② 조직의 재무적 상태에 영향을 주는 제품시장, 그리고 ③ 개별 조직의 특성과 조직 내 노동력 구성을 고려하여야

한다. 노동시장에서 노동력의 수요와 공급은 시장임금을 결정한다. 노동의 수요측면은 사용자들이 얼마나 많은 종업원을 찾고 있으며 얼마나 지불할 의사가 있는지 등 사용자에게 초점을 맞추고 있다. 이러한 사용자의 노동수요는 제품시장에 의해 영향을 받는다. 반면에 노동의 공급측면은 노동력의 자질과 서비스의 대가로 얼마를 수용할 수 있는지 등 노동자에게 초점을 맞추고 있다. 이러한 노동시장과 제품시장의 영향을 분석하기 위해서 기업은 '적정시장(relevant market)'을 정의하여야 한다. 적정시장은 ① 업종(요구하는 자격요건), ② 지역(지역 간 재배치나 출퇴근할 수 있는 거리), 그리고 ③ 동일한 제품 및 서비스 시장에서 경쟁하는 경쟁회사 등을 고려하여 결정된다.

기업은 적정시장을 정의한 후 이들 시장에서 지불되는 임금을 조사하기 위해서 '임금조사(wage survey)'를 실시한다. 임금조사에 의해 얻어진 자료를 바탕으로 조직특성을 감안하여 조직은 임금수준에 대한 정책을 결정한다. 조직이 고려할 변수로서는 산업, 조직규모 그리고 조직전략 등이 있다. 조직이 속해 있는 산업은 조직의 기술을 결정하고 조직기술은 노동력에 요구되는 자격요건과 스킬에 영향을 미친다. 일반적으로 큰 조직은 작은 조직보다 임금수준이 높다. 마지막으로 조직이 저비용 전략을 채택한다면 임금을 줄이기 위해 노력할 것이며 혁신전략을 추구한다면 높은 자격요건을 지닌 노동력을 유인하기 위해 노력할 것이다.

이러한 정책결정에 부응하여 조직은 조직구성원에게 지불할 임금을 결정하는 것이다. 그러면 지금부터 이들 과정을 구체적으로 논의하기로 한다.

7-3 임금조사

① 임금조사란 다른 사용자들이 지불하는 보상에 대한 자료를 수집하는 체계적 과정이다.

② 조직은 노동시장에서 적용되는 임금수준을 알기 위해서 정기적으로 임금조사를 실시한다.

③ 임금조사를 실시하기 전에 HR담당자는 먼저 적정노동시장을 정의하여야 한다. 그 다음 적정노동시장 내의 기업들의 보상자료를 수집한다. 수집방법으로는 전화, 설문지, 면접 등이 있다.

④ 모든 직무를 다 조사하는 데 시간이 많이 걸리므로 직무내용면에서 비교적 안정적이고 다른 많은 조직 내에서도 존재하는 핵심직무(benchmark job)만 대상으로 하는 게 일반적이다.

7-4 임금수준결정

완전경쟁이 아니라면 노동시장에 따라 결정되는 임금 하한선과 제품시장에서의 경쟁력에 의해 결정되는 임금 상한선 사이의 폭, 즉 자유재량의 범위가 어느 정도 존재한다.

7-4-1 상응정책

임금수준결정에서 가장 널리 쓰이는 정책은 경쟁자 수준의 임금을 지불하는 상응정책(match policy)이다. 상응정책을 선호하는 이유는 경쟁자의 임률에 못 미치는 경우 ① 종업원의 불만족 ② 모집능력의 제한 ③ 비노조기업의 경우 노조화 가능성 등이 발생하기 때문이다.

7-4-2 선도정책

유능한 종업원을 유인하여 유지하는 동시에 임금에 대한 종업원의 불만족을 최소화하기 위해 시장임금수준을 주도하는 선도정책(lead policy)을 구사하는 기업도 있다. 특히 지식집약산업이나 독과점 산업구조에 속하는 기업의 경우 높은 임금을 소비자에게 전가시킬 수도 있어 선도정책으로 인한 손해를 보지 않을 수도 있다.

요약하면, 임금수준에 대한 경영자의 의사결정은 ① 지불능력, ② 노조의 압력(또는 비노조화로 남아 있으려는 욕구), ③ 모집전략, ④ 회사 명성 유지 등에 의해 영향을 받는다.

7-5 임금수준의 영향

정 책	보상목적				
	신규 종업원 유인	종업원 유지	노무비 통제	임금 불만족 감소	생산성 증가
시장평균보다 높음(lead)	+	+	?	+	?
시장평균 (match)	=	=	=	=	?
시장평균 보다 낮음(lag)	-	?	+	-	?

예를 들어, 시장보다 높은 임금을 지불하면 신규종업원 유인이 수월하며 종업원의 임금 불만족이 감소할 것이다. 그러나 높은 임금이 반드시 높은 생산성을 초래한다고 볼 수는 없다. 결과적으로 노

무비 통제 여부는 높은 임금이 생산성 증가를 결과한다면 노무비 통제가 가능하고 그렇지 않다면 노무비를 효과적으로 통제하지 못할 것이다.

Ⅷ. 임금구조

[조직에서 임금구조를 결정하는 과정]

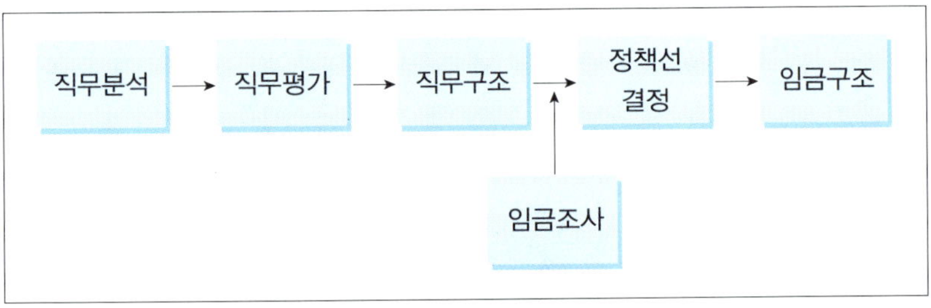

8-1 직무평가

① 직무평가는 조직 내 직무의 상대적 가치를 결정하는 과정이다. 경영자들은 직무의 상대적 가치에 비례하여 임금을 지불하고자 한다.

② 이런 관행의 기본전제는 종업원들이 직무의 상대적 가치에 따라 임금을 받을 때 공정성을 느낀다는 것이다.

③ 경영자들은 직무평가를 통하여 직무의 상대적 가치를 결정하고 그 후 상대적 가치에 비례하여 임금을 지불하고자 한다. 이런 과정을 통해서 직무구조가 나오고 궁극적으로 임금구조가 결과된다.

8-1-1 직무평가 과정

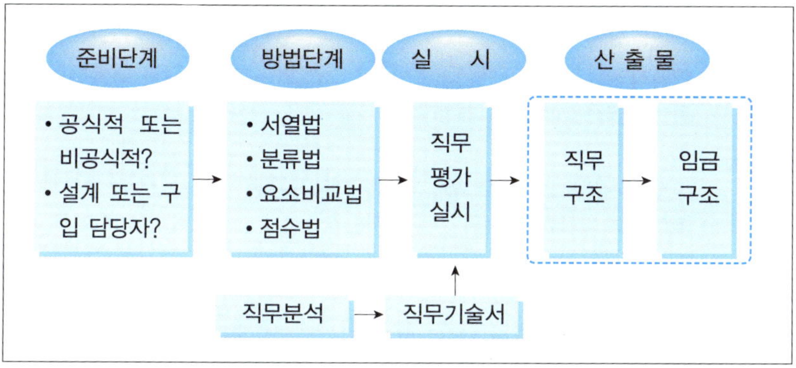

8-1-2 직무평가 기법

평가요소 \ 비교기준	직무 대 직무	직무 대 기준
직무 전반	서 열 법	분류법
직무요소	요소비교법	점수법

- 단순, 신속, 이해 용이
- 직집, 교대, 쌍대비교

- 직급에 대한 기준선정
- 기준에 따른 분류

(1) 요소비교법(factor comparison)

요소별로 평가하여 종합하는 방법으로 절차는 다음과 같다.

A 비교요소(comparison factor)를 선정하고 정의한다.

↓

B 핵심직무(key or benchmark job), 즉 기업의 노동시장에서 공통적으로 발견되는 직무를 선발한다.

↓

C 평가자는 비교요소별로 핵심직무를 서열화한다.
- 통상 요소비교법에서는 10개 내지는 20개 핵심직무를 선정하고 직무기술서와 직무명세서에 근거하여 서열화한다.

↓

D 핵심직무의 임률을 요소별로 배분한다.
- 직무평가자들이 개별적으로 임금을 배분하거나 요소별로 임금을 배분하는 것에 집단적으로 토의하고 의견접근을 본다.

↓

E 두 종류의 서열(서열과 할당된 임금)이 일치하는지를 평가한다.

↓

F 직무비교표(job comparison chart)에 핵심직무와 요소별로 개별직무가 할당받은 금액을 표시한다.
- 핵심직무와 비교하여 다른 직무를 평가할 때 사용된다.

요소비교법은 평가를 단계별로 공식적으로 수행한다는 장점을 가진 반면, 그 절차가 복잡하다는 단점을 갖는다.

(2) 점수법(point method)

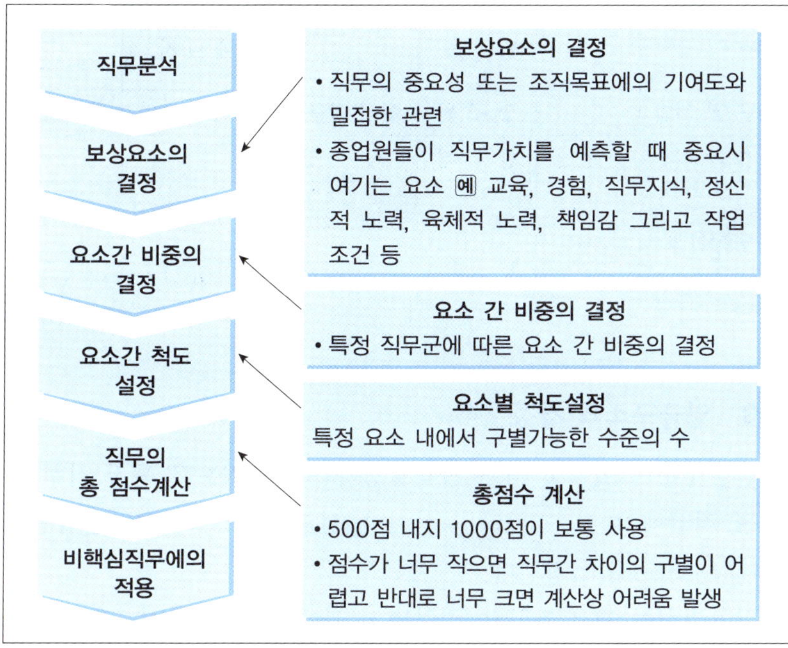

8-2 직무구조

직무구조는 직군과 직무평가 점수에 의해 직무를 분류해 놓은 도표이다.

[직무구조의 예]

관 리 직		팀 원	프로젝트 리더	매 니 저	부문 관리자
연구 및 개발		연 구 원	책임 연구원	선임 연구원	연구위원
기 능 직	기 능 공	반 장	직 장		
직군 / 직무 평가점수	0~99	100~199	200~299	300~399	400~499
직 급	I	II	III	IV	V

8-3 임금구조의 결정

① 임금구조를 설계할 경우 정책결정자는 일반적으로 특정 직무 또는 직급에 따라 개인의 특성이나 성과를 반영하도록 임률범위(rate range)를 설정한다.

② 임률범위는 직급별 또는 직무별 성과에 따라 받을 수 있는 임금 상한선과 하한선 사이의 임금폭을 의미한다.

③ 바람직하고 구체적인 임률범위는 조직의 경력경로, 승진 그리고 다른 조직특성에 대한 판단에 달려 있다.

8-4 임금구조(pay structure)

직무등급 또는 자격등급에 따른 임금의 차이를 임금구조라고 하며 크게 '단일 임률구조'와 '임률 범위 구조'로 구분된다.

8-4-1 단일임률

훈련, 근속기간 또는 성과 등에 의한 차이를 반영하지 않으며 동일직급 내 동일임금을 가지는 구조

8-4-2 임률범위

직급 내에서 성과에 따른 차이를 인정하는 구조로 직무에 따라 임률범위의 폭이 영향을 받을 수 있으며 일반적으로 상위직의 경우 임률범위가 커진다.

[단일임률과 임률범위의 비교]

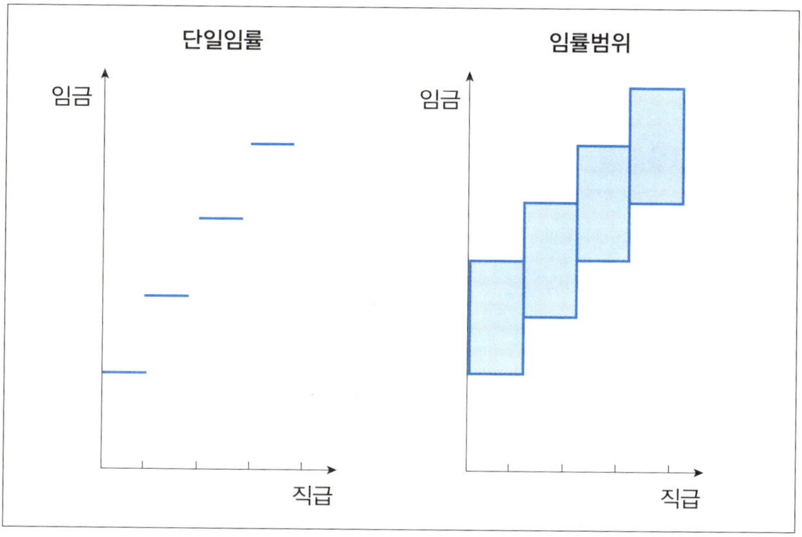

8-4-3 임률범위의 설정

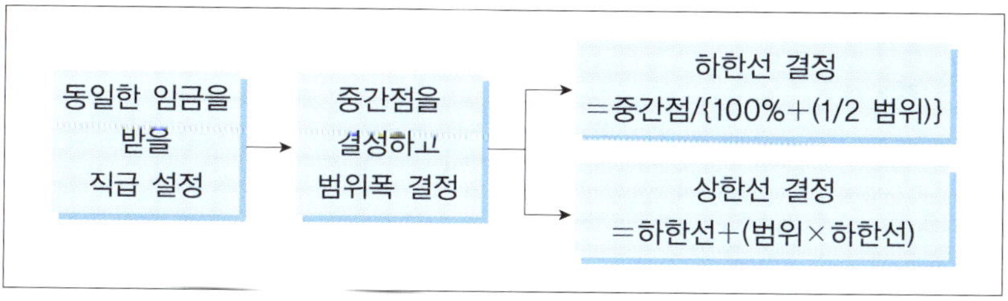

연습문제

1. 임금이 어떻게 조직구성원들을 동기유발시킬 수 있는지를 설명하시오.

2. 임금과 사업전략과의 연계성을 설명하시오.

3. 임금이 성과에 영향을 미치기 위한 조건으로 맞는 것은?

① 목표달성에 요구되는 행위와 조건들은 개인 통제하에 있어야 한다.
② 임금은 목표달성과 명확히 관련되어야 한다.
③ 임금은 목표달성에 요구되는 노력을 정당화할 만큼 충분한 것이어야 한다.
④ ①과 ③
⑤ ①과 ②와 ③ 모두

4. 보상관리의 기능에 관한 설명 중 옳지 않은 것은?

① 임금은 조직구성원의 행위나 태도에 중요한 영향을 미친다.
② 임금에 대해서는 다수의 이해관계자가 민감하게 반응한다.
③ 임금은 욕구단계설 중 하위욕구(신체적 및 안전욕구)에만 관련이 있다.
④ 조직은 임금 이외의 다양한 수단에 의해서 조직구성원의 행위나 태도를 통제할 수 있다.
⑤ ①과 ③

참고문헌

Flannery, T. D., Hofrichter, D. A. & Platten, P. E.(1996), *People, Performance & Pay: Dynamic Compensation for Changing Organizations*, New York, NY; The Free Press.

Gomez-Mejia, L. R. & Balkin, D. R.(1992), *Compensation, Organizational Strategy, and Firm Performance*, Cincinnati, Ohio; South-Western Publishing, Co.

Heneman, H. G., Schwab, D. P., Fossum, J. A. & Dyer, L. D.(1994), *Personnel / Human Resource Management*, 4th ed.(Chicago, IL; Irwin).

Ivancevich, J. M., *Human Resource Management*(Chicago, IL; Irwin)(1995), 6th ed.

Klass, B. S. & McClendon, J. A.(1996), To Lead, Lag or Match: Estimating the financial impact of pay level policies, *Personnel Psychology*, 49.

Milkovich, G. T. & Boudreaw, J. W.(1994), *Human Resource Management*, 7th ed., Irwin.

Milkovich, G. T. & Newman, J. M., *Compensation*, 6th ed., Irwin.

Napier, N. K.(1996), Strategy, Human Resource Management, and Organizational Outcomes: Coming out from between the Cracks. In Gerald R. Ferris and M. Ronald Buckley, eds., *Human Resource Management: Perspectives, Context, Functions and Outcomes*, 3th ed., Englcliffs, NS: Prentice-Hall.

제 16 장

임금체계와 종업원 공헌

●학습목표●

지금까지 조직의 보상정책을 수립하는 주요한 요인인 임금수준, 임금형태 그리고 임금구조를 살펴보았다. 그러면 지금부터는 임금체계에 대하여 고찰하고 마지막으로 이들 네 변수들이 어떻게 결합하는지를 살펴보기로 한다.

Ⅰ. 임금체계의 정의와 의의

1-1 임금체계의 정의

임금을 결정하는 기준을 의미한다.

1-2 임금체계의 의의

임금결정 기준은 종업원의 성과와 동기유발에 직접적으로 영향을 미친다. 일반적으로 기본임금은 직무가치, 종업원가치 그리고 결과가치에 의해 결정된다. 그러나 많은 기업들은 기본급 이외에 성과평가에 의한 임금인상이나 다양한 인센티브시스템을 채택하고 있다. 다음에는 임금결정 기준이 정리되어 있다.

결정기준	임금체계
직무가치	직 무 급
종업원가치	연 공 급 스킬 위주의 임금 역량 위주의 임금
결과가치	개인별 인센티브 팀별 인센티브 조직단위 보너스 계획

조직은 적어도 보상의 일부분을 종업원의 노력과 성과에 연계해야 한다. 이런 기준이 없다면 성과동기는 낮아질 것이고 결과적으로 조직은 노동비용을 부담하게 될 것이다. 더욱이 많은 종업원들은 보상이 그들의 성과와 직접적으로 연계되어야 한다고 믿고 있다.

Ⅱ. 직무급: 직무 중심의 임금구조

2-1 직무급의 의의

① 직무급은 미국식 합리적 사고와 산업화의 진전에 따라 미국을 중심으로 한 선진국에서 널리 사용되고 있으며 '동일노동 동일임금(equal work equal pay)'의 원칙이 적용된 임금관리시스템이다.

② 동일한 직무를 수행하더라도 개인적 차이(*e.g.*, 성과, 연공 등)가 중요한 경우에는 범위 직무급을 채택할 수 있다.

과학적 관리론은 직무 중심 임금구조를 결과하였으며, 신속하고 싸게 더 많은 제품을 생산하여야 하는 대량생산체제와 잘 부합되었다. 그러나 오늘날 조직은 직무기술서에서 규정된 이상의 것을 종업원에게 요구하고 있다. 지속적 학습과 개선, 융통성, 참여와 파트너십 등이 조직의 경쟁우위 달성에 핵심이슈가 되었으므로 직무급보다는 인간중심 임금구조가 널리 보급되고 있다.

Ⅲ. 스킬 위주의 임금구조

① 스킬 위주의 임금구조는 직무가 아닌 개인이 지니고 있는 업무와 관련된 숙련기술, 능력 그리고 지식의 폭과 깊이에 의해서 보상을 하는 것이다.

② 스킬 위주의 임금구조는 조직구성원이 "다기능(multi-function)" 수행을 촉진하여 융통성을 증대시킨다. 이런 융통성과 업무흐름

에 대한 이해는 자율작업팀(autonomous work team)을 실시하는 조직에서 매우 중요하다.

③ 스킬 위주의 임금구조가 효과적이기 위해서는 신중하게 설계되고 수행되어야 한다. 예를 들면, 종업원들이 필요한 숙련기술을 획득할 수 있는 교육 및 훈련프로그램을 갖추고 있어야 한다.

Ⅳ. 인센티브

오늘날 경쟁적인 환경 속에서 생산성을 높이고 노동비용을 낮추기 위해서 조직은 성과기준의 임금체계(pay for performance), 즉 성과급(변동급)을 도입하고 있는 추세이다.

4-1 인센티브의 전략적 의의

4-1-1 조직목표와의 연계

① 인센티브(incentive)는 성과에 근거한 보상을 전제로 한다.

② 인센티브 프로그램을 설계하기 위해서는 인센티브를 받기 위해서 종업원(또는 팀이나 조직)이 달성해야 할 기본 성과기준이 설정되어야 한다.

③ 성과기준은 조직목표에서 비롯되어야 하며, 보상과 조직목표를 결합함으로써 개인과 팀 또는 조직성과를 강화하여야 한다.

4-1-2 인센티브 프로그램의 장점들*

(1) 동기자극

인센티브는 구체적인 성과목표에 초점을 두고 있기 때문에 조직목표를 달성하려는 동기를 자극한다.

(2) 변 동 비

인센티브는 결과와 관련된 변동비인 반면, 기본급(base salaries)은 결과와 관련이 없는 고정비적 성격을 가진다.

(3) 성과와 직접 연계

인센티브는 성과와 직접 연계되어 있음. 성과목표(수량과 품질)가 달성되면 인센티브는 지불되지만 그렇지 않으면 지불되지 않는다.

(4) 팀워크 강화

인센티브가 팀 성과에 근거할 경우에 인센티브는 팀워크를 강화한다.

요약하면 인센티브는 성공에 기여한 사람들에게 성공을 분배하는 과정으로 볼 수 있다.

4-1-3 성공적 인센티브 프로그램을 위한 조건

① 경제적 인센티브는 바람직한 행위와 연계되어야 한다
② 인센티브 프로그램은 공정하여야 한다.
③ 생산성 · 품질기준은 구체적이고 어려워야 한다.
④ 인센티브 결정방식은 단순하여 종업원이 이해할 수 있어야 한다.

---

*출처: Bohlander, G. & Snell, S.(2004), *Managing Human Resources*, South-Western, 428.

4-1-4 인센티브 프로그램 관리시 주의점

(1) 차등지급

관리자들이 개인, 팀 또는 조직성과에 따라 인센티브를 차등지급할 경우에만 인센티브 프로그램이 효과적이다. 인센티브가 임금보전의 수단이 된다면 인센티브의 동기유발효과는 사라진다. 인센티브 프로그램의 기본 목적은 모든 상황에서 임금을 지불하는 것이 아니라 성과에 대한 동기를 유발하는 것이다. 따라서, 인센티브 프로그램이 효과적이기 위해서는 낮은 성과는 보상을 적게 받아야 한다.

(2) 충분한 예산확보

인센티브에 대한 연간예산은 예외적으로 우수한 성과자를 충분히 보상할 수 있는 규모이어야 한다. 인센티브가 일정한 한계를 넘지 않도록 한다면(예 기본급 또는 판매이익의 몇 퍼센트 이내로 인센티브를 한정하는 것), 예외적으로 우수한 개인이나 집단성과를 충분히 보상할 수 없을 것이다.

(3) 간접비용 사전설정

인센티브 프로그램을 실행하고 관리하는 데 드는 간접경비는 사전에 설정되어야 한다. 여기에는 성과기준을 설정하는 비용과 기준측정 및 기록비용 등이 있다. 인센티브 프로그램을 종업원에 의사소통하고 질문과 불평에 응답하는 비용도 여기에 포함되어야 한다.

4-2 메리트 임금인상: 직무 중심의 임금체계

① 메리트 임금인상은 임금범위 내에서 성과평가에 따라 다르게 임금인상을 행하는 제도를 의미한다.

② 메리트 임금인상의 목적은 종업원의 수단성 인식을 증가시켜 종

업원을 동기유발하는 데 있다.

③ 메리트 임금인상이 종업원을 동기유발시키기 위해서는 먼저 성과평가가 정확하여야 하고 평가결과를 임금인상으로 전환시키는 방법이 있어야 한다.

[메리트 임금인상의 예]

성과평가	탁 월	평균 이상	평 균	평균 이하	미 흡
메리트 임금인상	6%	5%	4%	3%	0%

4-3 팀 인센티브

4-3-1 팀 인센티브의 의의

종업원 간 팀워크와 협력이 중요해짐에 따라 팀 인센티브는 점점 널리 적용되고 있다.

4-3-2 팀 인센티브의 전제

팀 인센티브는 팀 성과에 대한 보상이 팀워크를 촉진한다는 전제에 근거를 두고 있다.

4-3-3 팀 인센티브의 장·단점

(1) 장 점

① 개별 종업원의 공헌은 팀워크에 달려 있다.

② 단지 결과에 의존하는 생산 또는 매출실적에 근거한 인센티브와는 달리 팀 인센티브는 결과뿐만 아니라 과정(행위)도 성과기준에 포괄될 수 있다.

③ 팀 인센티브는 종업원 개인의 이기심을 줄여 개인 성과기준이 너무 높다거나 낮다는 등의 불평을 줄일 수 있다.
④ 팀 인센티브는 교차훈련과 새로운 인간관계 역량의 획득을 고무한다.

(2) 단　　점

① 개별 팀 구성원은 자신의 개별 노력이 팀 성공이나 인센티브 획득에 거의 기여하지 못한다고 느낄 수 있다. 즉, 수단성이 낮을 수 있다.
② 무임승차가 발생할 수 있다.
③ 복잡한 인센티브 공식은 팀 구성원이 이해하기 어려울 수도 있다.

4-4 조직단위 보너스시스템

4-4-1 조직단위 보너스 계획의 특징

① 부가급, 즉 기본급을 받은 후 추가적으로 받는다.
② 라인에 핵심적 서비스를 제공하는 스탭에게도 보너스를 받을 기회를 제공할 수 있다.
③ 종업원간 협력을 강화한다.

4-4-2 비용절감시스템: 스캔론 플랜

(1) 스캔론 플랜의 의의

① 스캔론 플랜(Scanlon plan)은 노동비용 절약을 위해서 설계된 것으로 생산의 판매가치(*i.e.*, 매출액+재고가치)에 대비한 노동비용 절감 정도에 의해서 보너스가 결정된다.
② 종업원 노력과 비용절감 사이의 연계가 비교적 강한 경향이 있다.

(2) 스캔론 플랜의 특징

① 생산고에 대한 노무비 비율을 기준으로 보너스를 지급한다.

② 노사회의를 통하여 생산 및 경영문제의 해결

③ 노조원간의 고충과 마찰을 방지하기 위한 계획의 중요부분은 단체교섭에 포함된다.

④ 일반적으로 복리후생, 초과근무, 다른 보너스 등과 같은 보상은 제한되어 있다.

⑤ 모든 종업원(즉, 엔지니어, 사무직, 유지보수 근로자 등)을 포함한다.

4-4-3 이윤분배제도

(1) 이윤분배제도의 의의

① 이윤분배제도란 기업의 이윤을 사전에 계획된 비율대로 종업원에게 배분하는 제도를 의미한다.

② 이윤분배제(profit sharing)의 목적은 조직운명과의 파트너십과 공동체 의식의 촉진, 높은 성과에의 동기강화 그리고 이직률 저하 등에 있다.

③ 종업원 동기유발에 관한 한 종업원의 노력과 기업의 이윤 사이의 연계성이 비교적 적기 때문에 비용절감시스템보다 덜 효과적이다.

(2) 이윤분배제도의 장·단점

① 장 점

- 보상이 회사이익과 직접 관련이 있다.
- 지연지불(Deferred Payment)은 세제상 유리하다.
- 다양한 기업에 적용가능하다.
- 프로그램 유지가 용이하다.

② 단　　점

- 이익이 변동적이다.
- 성과와 보상 사이의 수단성(instrumentality)이 약하다.
- 비용과 관계없이 경비(즉, 최고 경영자의 과대한 임금, 과대한 광고비용 등)가 포함되어 있으면 종업원 반대 가능성이 크다.
- 단체교섭에 있어서 불필요한 논쟁유발 가능성(예 이익분배공식, 가격통제, 관리적 특성 등)이 있다.

[용어정리]

지연지불(deferred payment): 현재 수행한 작업의 대가를 미래 특정시점에 지불하는 제도. 전형적인 지연지불의 예로는 주식옵션, 연금 등이 있다.

4-5 종업원지주제도

4-5-1 종업원지주제도의 정의

종업원에게 회사 주식을 제공하는 회사차원의 인센티브 제도

4-5-2 종업원지주제도의 특징

① 종업원지주제도(employee stock ownership plan: ESOP)는 조직의 성공에 초점을 맞추게 한다는 점에서 이윤분배제도와 유사하다. 그러나 실제로 주식을 팔기 전에 경제적 이득을 누릴 수 없으므로 장기적 인센티브의 일종이다.

② 이윤분배제도와 마찬가지로 성과와 인센티브 사이의 연계성이 약하므로 개인성과를 높이는 데는 그다지 효과적이지 못하다.

③ 재무상태가 불건전한 회사가 일자리 보존 차원에서 종업원지주제

도로 전환되는 경우가 있으며 이러한 경우 결과적으로 위험을 종업원에게 부담시키게 된다.

④ 인수 · 합병의 방어기제로 이 제도를 사용하는 경우도 있다.

연습문제

1. 조직이 메리트 임금인상을 고려할 때 주의할 사항을 논하시오.

2. 인센티브의 특성을 설명하시오.

3. 메리트 임금인상에 대한 설명 중 적절하지 못한 것은?

① 종업원들은 성과평가에 의해서 차등적 임금인상을 받는다.

② 메리트 임금의 목적은 기대감(expectancy perception)을 강화하기 위함이다.

③ 종업원들이 실제로 차이를 느끼는 임금인상 규모를 JND(Just-Noticeable Difference)라고 한다.

④ 메리트 임금인상은 누적적 효과를 가진다.

⑤ 정답 없음

4. 조직단위 보너스계획(organizational bonus plan)에 대한 설명 중 옳지 않은 것은?

① 조직구성원들 간 경쟁보다는 협조를 조장한다.

② 기본급 이외에 부가적으로 지불된다.

③ 조직단위 보너스계획이 동기부여 효과를 갖기 위해서는 정기적으로 지불되어야 한다.

④ 조직단위 보너스계획은 크게 비용절감(cost-savings)계획과 이윤분배계획이 있다.

⑤ 정답 없음

5. 집단인센티브제(group incentive)의 개인임금제에 대한 장·단점의 설명 중 옳지 않은 것은?

① 집단 내의 팀워크와 협동심이 조장된다.

② 개인임금제에 비해 수단성이 약하다.

③ 무임승차(free-rider)가 발생할 수 있다.

④ 팀원간의 경쟁심을 유발하여 팀성과를 높일 수 있다.

⑤ 정답 없음

참고문헌

Bohlander, G., Snell, S.(2004), *Managing Human Resources*, South-Western, 428.

Flannery, T. D., Hofrichter, D. A. & Platten, P. l E.(1996), *People, Performance & Pay: Dynamic Compensation for Changing Organizations*, New York, NY: The Free Press.

Gomez-Mejia, L. R. & Balkin, D. R.(1992), *Compensation, Organizational Strategy, and Firm Performance*, Cincinnati, Ohio; South-Western Publishing, Co.

Gomez-Mejia, L. R. & Welbourne, T. M.(1996), Compensation Strategy; An Overview and future steps, In Gerald R. Ferris and M. Ronald Buckley(eds.), *Human Resource Management: Perspectives, Context, Functions and Outcomes*, 3th ed., Englewood Cliffs, NJ: Prentice-Hall, 291-306.

Heneman Ⅲ, H. G. Schwab, D. P., Fossum, J. A. & Dyer, L. D.(1994), *Personnel/Human Resource Management*, 4th ed., Chicago, IL; Irwin.

Ivancevich, J. M.(1995), *Human Resource Management*, 6th ed., Chicago, IL; Irwin.

Klass, B. S. & McClendon, J. A.(1996), To Lead, Lag or Match; Estimating the Financial Impact of Pay Level Policies, *Personnel Psychology*, 49, 121-140.

Milkovich, G. T. & Boudreaw, J. W.(1994), *Human Resource Management*, 7th ed., Irwin.

Napier, N. K.(1996), Strategy, Human Resource Management, and Organizational Outcomes: Coming out from between the Cracks, In

Gerald, R., Ferris and M. Ronald Buckley, eds., *Human Resource Management: Perspectives, Context, Functions and Outcomes*, 3th ed., Englecliffs, NS: Prentice-Hall.

제 17 장

복지후생

Ⅰ. 복지후생의 의의
Ⅱ. 복지후생 증가요인
Ⅲ. 복지후생구조의 설계과정
Ⅳ. 법정복지후생프로그램들
Ⅴ. 유연복지후생프로그램
Ⅵ. 복지후생의 관리
Ⅶ. 복지후생의 효과적 설계 및 운용을 위한 체계적 절차

●학습목표●

총 경제적 보상의 한 부분으로서 복지후생의 의의와 역할을 파악하고 효과적 복지후생프로그램을 설계하는 과정을 이해한다.

Ⅰ. 복지후생의 의의

1-1 복지후생의 정의

종업원의 작업수행에 대한 임금 이외에 사용자가 전부 또는 부분적으로 제공하는 보상

1-2 복지후생의 특징

① 임금유형 중 간접임금에 해당되는 복지후생은 건강보험, 생명보험, 연금, 비노동에 대한 임금(예 유급휴가, 유급휴일, 휴식 등) 등이 있다.
② 유급휴일과 건강보험은 조직구성원 모두에게 일괄적으로 제공되며, 유급휴가는 일반적으로 연공에 따라, 그리고 연금이나 생명보험은 임금수준에 따라 차등적으로 지급된다.
③ 성과동기를 유발하는 데는 직접임금보다는 효과가 적을 것으로 예상된다. 그러나 만족과 자발적 이직에는 상당한 영향을 미친다.

Ⅱ. 복지후생 증가요인

경제적 총보상 중에서 복지후생이 차지하는 비율이 점점 증가되는 추세이다.

2-1 복지후생에 대한 종업원의 태도

복지후생과 직접임금 사이에는 역관계가 있다고 생각하지만 다양한 경제적 이유로 직접임금보다 복지후생을 선호하는 것이 가능하다.

① 건강 및 생명보험: 사용자가 집단적으로 구입하기 때문에 종업원 개개인이 보험을 드는 것보다 저렴할 수 있다.

② 누진적 소득세: 소득이 많을수록 소득세의 비율이 커지므로 임금 인상 대신에 복지후생을 선호할 수 있다.

③ 세금부담: 복지후생의 세금 비부과(예 보험) 또는 개인의 세금부담이 적어질 때까지 연기(예 연금)가 가능하다.

2-2 복지후생에 대한 사용자의 태도

복지후생을 보상의 한 형태로 간주한다. 즉 총비용이 같은 경우 종업원의 요구에 부응하는 보상믹스를 제공하여 인적자원결과, 특히 만족과 근속을 강화시키고자 한다.

① 연금: 종업원의 자발적 이직을 줄이고 조직에 대한 충성심 강화하는 효과

② 자녀학자금 보조와 근속수당: 조직 내 직무나 성과에 의한 임금 차이를 줄여 조직구성원 간 일체감을 조성하는 기능

③ 종업원지주제도(employee stock ownership plan: ESOP): 사용자는 세금공제를 받고 종업원은 회사지분을 축적할 수 있으며 회사가 발전함에 따라 경제적 보상 창출 가능

④ 종업원들이 진심으로 경영진이 그들의 복지에 관심을 가지고 있다고 느낄 수 있도록 사용자들이 주도적으로 복지후생을 설계하여 도입하려는 경향 이 있다.

2-3 복지후생에 대한 노동조합의 태도

노동조합도 다양한 원인에 의해서 복지후생의 증대에 기여해 왔다.

① 인플레이션을 억제하기 위한 정부의 임금인상 억제에 실질적 소득을 보장받기 위한 대안으로 복지후생에 대한 요구

② 종업원 욕구를 조사하여 단체교섭에 적극 반영

③ 보다 매력적인 보상패키지 획득을 조장하는 노동조합간 경쟁

2-4 정부정책

① 1900년대 중반부터 고용불안정성의 주요 원인으로부터 근로자를 보호하기 위하여 실업, 의료, 재취업교육 등에 대한 사회정책 강화 시작

② 사용자는 건강(의료)보험, 연금보험, 산재보험, 그리고 고용보험과 등과 같은 복지후생을 의무적으로 가입

③ 누진소득세, 임금 가이드라인 등은 복지후생에 대한 경제적 효과를 크게 한다.

[용어정리]

누진소득세: 소득이 증가함에 따라 소득세율도 증가하는 제도

Ⅲ. 복지후생구조의 설계과정

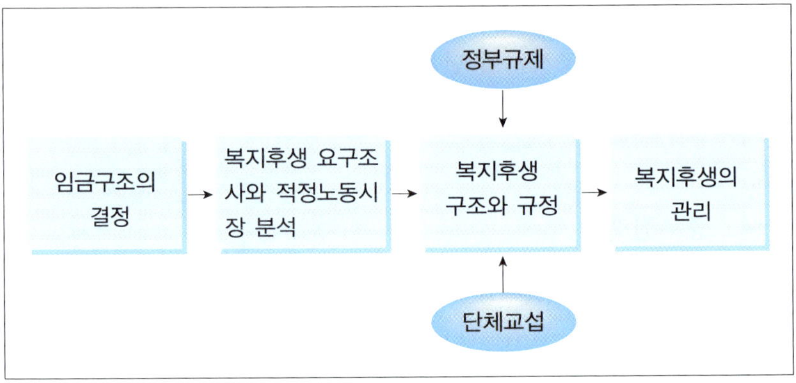

3-1 임금구조와의 관계

① 총 경제적 보상의 한 부분으로 다루어져야 한다. 유급휴일이나 휴가 등의 비용은 기본급에 영향을 받음.

② 단체교섭에 있어서 복지후생의 규모와 지불방법도 주요 논의대상이다.

③ 임금논의와 다른 점은 복지후생의 논의에서는 성과평가가 주요 안건이 되지 않는다는 점이다.

3-2 복지후생 서베이와 분석

① 복지후생에 대한 종업원의 선호는 인구통계적 변수에 의해 체계적으로 다를 수 있다. 예를 들어, 연공이 많은 종업원들은 연공이 적은 종업원보다 연금이나 의료보험 등에 관심이 많다.

② 경쟁자가 지불하는 복지후생의 규모와 항목들은 종업원의 복지후생에 대한 외부공정성 느낌에 영향을 미칠 수 있다. 외부공정성을 확보하는 최선의 방법으로 복지후생에 대한 서베이를 실시하는 것이다.

3-3 환경의 영향

① 정부의 영향(사회보장제도 확립을 위한 법정복지후생, 임금인상 가이드 라인, 소득세제도 등)
② 노동조합의 영향(복지후생은 단체교섭에서의 중요 논의대상)

3-4 복지후생구조와 규정

3-4-1 복지후생의 설계시 고려사항

(1) 보상믹스와의 조화

전체 보상믹스에 있어서 수행해야 하는 복지후생의 역할 명확화. 예를 들어, 종업원들의 대부분이 고등학교를 졸업한 젊은 층으로 구성되어 있고, 이직률이 높다면, 장기근속을 조장할 수 있는 연금제도나 사원주택 프로그램 등이 중요할 수 있다.

(2) 외부공정성

다른 경쟁사들의 복지수준

3-4-2 복지후생의 관리시 고려사항

(1) 복지후생프로그램의 대상

대상 선정시 비용, 외부공정성, 논리적 정당성 등을 고려하여야 한다.

(2) 다양한 복지후생 항목에 대한 종업원 선택권 범위

전통적 복지후생프로그램 vs '카페테리아식' 또는 유연적 복지후생제도

(3) 복지후생재원 조달방법

사용자 전액부담, 종업원 전액부담, 분담제

3-4-3 복지후생 재원조달방식의 장점들

사용자 전액부담	분 담 제	종업원 전액부담
1. 자격 있는 모든 종업원에 적용 2. 절세효과 3. 집단구매의 장점 4. 노조의 압력 5. 관리의 용이성	1. 적용 및 보장범위 확대 가능성 2. 복지후생에 대한 종업원의 강화된 인식 3. 남용방지	1. 사용자가 제공한 표준적 복지후생프로그램에 추가한 선택적 옵션 2. 다른 방법으로는 가능하지 않는 복지후생프로그램의 구입

출처: Rosenbloom, J. & G. V. Hallman(1991), *Employee Benefit Planning*, Prentice-Hall; Milkovich, G. T. & J. M. Newman((1999), *Compensation*, 6th ed., Irwin.

Ⅳ. 법정복지후생프로그램들

4-1 의 의

① 법정복지후생는 국가가 기업의 종업원을 보호하고 국가사회복지의 한 보조수단으로 법률을 제정하여 기업으로 하여금 강제적으로 도입하도록 한 제도이다.

② 이러한 사회보험은 국민생활여건의 악화요인을 예방하고 제거함으로써 사회적 또는 경제적 불평등을 최소화하고 형평과 안정,

그리고 능률을 증대시키는 데 목적이 있다.

③ 법정복지후생은 국가별로 상이하며 우리나라는 국민연금, 건강보험, 고용보험 및 산재보험으로 구성된 사회보험체제이다.

4-2 법정복지후생프로그램들

(1) 건강보험

근로자가 질병에 걸렸을 때 적은 부담 치료 및 질병조기발견 예방

(2) 국민연금

국민이 노령, 질병 또는 사망으로 소득능력이 상실 또는 감퇴되는 경우 본인이나 그 유족에게 일정액의 급부를 행하여 안정된 생활을 할 수 있도록 국가가 운용하는 장기적 소득보장제도(노령연금, 장해연금, 유족연금, 반환 일시금)

(3) 산업재해보상보험

근로자가 업무상 재해 및 질병에 대해서 치료 및 보상급여를 제공하는 제도, 보상 재해범위 문제, 급여수준 및 급여방식 등이 논의될 수 있다.

(4) 고용보험

사전적으로 실업의 예방, 재취업의 촉진, 잠재인력의 고용촉진, 직업능력개발, 인력수급의 원활화 등 다양한 목적을 가진 적극적 인력정책의 핵심적 수단(고용안정사업, 직업능력개발사업, 실업급여로 구성)

Ⅴ. 유연복지후생프로그램

5-1 유연복지후생의 유형

5-1-1 유연복지후생의 정의

종업원에게 기본적인 보호를 제공하면서도 추가로 기본적인 복지후생 항목의 혜택을 강화하거나 아니면 새로운 복지후생 항목을 선택할 수 있는 자유재량권을 주는 제도

5-1-2 유연복지후생의 세 가지 유형

① 선택항목 추가제도(core-plus options plan): 기업이 종업원 전체에게 꼭 필요하다고 판단되는 복지후생 항목을 제공한 후, 추가적으로 여러 항목을 제공하여 종업원들이 이들 항목 중 자기가 원하는 것을 선택하게 하는 제도(핵심항목, 유연항목으로 구성)

② 모듈(module)제도: 동등한 가치를 지니는 몇 개의 복지후생 패키지를 제시하여 종업원들로 하여금 이 중 하나를 선택하게 하는 제도. 선택항목 추가제도보다는 종업원의 선택이 제한

③ 선택적 지출계정(flexible spending account)제도: 종업원은 먼저 그들의 복지후생을 위하여 임금에서 공제받기를 원하는 임금을 지정한 후, 이 임금의 범위 내에서 자유로이 복지후생 항목을 선택할 수 있는 제도

5-2 유연복지후생프로그램의 장·단점

장 점	단 점
• 종업원들은 자신의 독특한 욕구를 만족시킬 수 있는 패키지를 선택할 수 있다. • 유연복지후생프로그램은 '변화하는 노동력의 변화하는 욕구'에 잘 맞는 시스템이다. • 종업원과 그 가족의 증대된 참여는 복지후생프로그램에 대한 이해를 증진시킨다. • 유연복지후생프로그램은 적은 비용으로 새로운 복지후생 항목을 도입할 수 있도록 한다. 새로운 복지후생 항목을 기존의 복지후생 항목에 추가시켜 종업원들이 선택하도록 하면 된다.	• 종업원들이 잘못 의사결정하여 예상되는 위험으로부터 보호를 받지 못할 수도 있다. • 관리적 부담과 비용이 증가한다. • 역선택: 종업원들은 사용할 복지후생 항목만 선택한다. 따라서 많이 활용된 복지후생 항목의 요율이 증가한다.

출처: Milkovich, G. T. & J. M. Newman, *Compensation*, 6th Ed., Irwin.

Ⅵ. 복지후생의 관리

최고경영자가 복지후생에 관한 의사결정시 고려해야 할 사항으로는 다음과 같은 것들이 있다.

① 법정프로그램은 반드시 제공되어야 한다.

② 복지후생프로그램은 인적자원결과를 강화하는 방식으로 설계되고 운용되어야 한다.

③ 대부분의 종업원들은 복지후생에 대한 권리가 있다고 생각한다.

④ 노동조합, 경쟁자, 그리고 산업추세는 기업들로 하여금 자발적 복지후생을 증대시키는 경향이 있다.

⑤ 복지후생과 관련된 비용은 급격히 증가한다.

Ⅶ. 복지후생의 효과적 설계 및 운용을 위한 체계적 절차

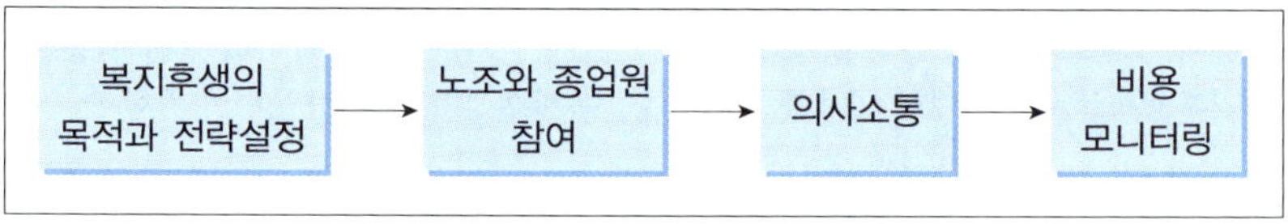

7-1 복지후생의 목적과 전략설정

복지후생의 목적설정시 기업의 가치관, 종업원의 선호, 비용 등 다수의 요소, 근속, 성과, 직무만족과 같은 인적자원결과, 복지후생에 관련된 기업의 지불능력을 고려해야 한다.

※ 다음의 세 가지 복지후생 전략수립 방식 중 어떠한 전략을 사용할 것인가는 사업목표를 토대로 해서 설정해야 한다.

① 선도전략(pacesetter strategy): 종업원이 원하는 새로운 프로그램을 선도적으로 도입

② 비교가능복지전략(comparable benefits strategy): 유사한 조직이 제공하는 복지후생프로그램과 일치

③ 최소복지전략(minimum benefit strategy): 법정복지후생과 종업원이 가장 선호하는 항목과 비용이 적게 드는 항목만 제공

7-2 노조와 종업원 참여

① 복지후생 설계시 종업원의 참여를 허용(또는 촉구)하는 것이 바람직하다.

② 태도조사를 통한 종업원의 여론 조사 및 종업원복지후생자문위원회(employee benefits advisory committee)를 발족함으로써 의사결정에 종업원을 참여시킬 수 있다.

③ 노동조합이 있는 경우, 노조간부를 태도조사에 관여시켜 모든 당사자가 종업원이 원하는 복지후생을 추구하도록 하는 것이 효과적이다.

7-3 의사소통

① 복지후생프로그램의 구성요소와 가치에 대한 충분한 이해가 필요하다.

② 종업원복지후생 핸드북(복지후생에 대한 자격, 수혜범위 등이 기술)을 활용하여 의사소통할 수 있으며 최근에는 컴퓨터의 발달로 모든 복지후생 내용을 손쉽게 프린터하는 것이 가능해졌다.

7-4 비용모니터링

① 복지후생프로그램이 올바르게 관리되는지에 대한 경영자의 확인이 필요하다.

② 복지후생의 비용은 다음과 같이 여러 가지로 계산할 수 있다.

- 모든 종업원에 대한 복지후생의 연간 총비용
- 연간 종업원당 비용
- 직접임금에 대한 비율
- 시간당 종업원당 비용

③ 복지후생에 의한 조직의 효익도 중요한 관심사나 복지후생이 생산성에 미치는 영향에 관한 연구는 매우 드물다.

연습문제

1. 유연복지프로그램의 유형에 대해 설명하시오.

2. 복지후생 재원조달 방식들에 대해 설명하시오.

3. 다음 복지후생에 대한 설명 중 맞지 않는 것은?

① 종업원들은 복지후생과 임금 사이에 역관계가 있다고 생각한다.
② 근속수당은 조직구성원 간 일체감을 조성하는 기능을 가질 수 있다.
③ 복지후생은 자발적 이직에 많은 영향을 미친다.
④ 복지후생을 설계할 때에는 직무분석 및 인사고과 성적을 반영한다.
⑤ 누진적 소득세는 종업원들이 복지후생을 선호하는 원인이 된다.

4. 다음 중 복지후생 재원조달 중 분담제에 관한 장점이 아닌 것은?

① 복지후생에 대한 종업원의 강화된 인식
② 집단구매의 장점
③ 남용방지
④ 절세효과
⑤ ②와 ④

5. 다음 중 유연복지후생프로그램의 장점이 아닌 것은?

① 종업원들은 자신의 독특한 욕구를 만족시킬 수 있다.
② 적은 비용으로 새로운 복지후생 항목을 도입할 수 있도록 한다.
③ 관리직 부담과 비용이 감소한다.
④ 증가된 참여는 복지후생프로그램에 대한 이해를 증대시킨다.
⑤ 정답 없음

참고문헌

Dreher, G., Ash, R. & Bretz, R.(1988), Benefit Coverage and Employee Cost: Critical Factors in Explaining Compensation Satisfaction, *Personnel Psychology*, 41, 237-54.

Henemann Ⅲ, H. G. Schwab, D. P., Fossum, J. A. & Dyer, L. D.(1994), *Personnel/Human Resource Management*, 4th ed., Homewood, IL: Irwin.

Ivancevich, J. M.(1998), *Human Resource Management*, Irwin/McGraw-Hill.

Lester, R. A.(1954), *Hiring Practices and Labor Compensation*, Princeton, New Jersey: Industrial Relations Section, Department of Economics and Sociology, Princeton University, 13.

Milkovich, G. T. & Newman, J. M.(1999), *Compensation*, 6th ed., Irwin.

객관식 연습문제

정 답

[제 1 장] 3. ③ 4. ②

[제 2 장] 3. ③ 4. ③

[제 3 장] 3. ⑤ 4. ③

[제 4 장] 3. ③ 4. ②

[제 5 장] 3. ⑤ 4. ③

[제 6 장] 3. ⑤ 4. ⑤

[제 7 장] 3. ③ 4. ⑤

[제 8 장] 3. ② 4. ①

[제 9 장] 3. ④ 4. ⑤

[제10장] 3. ② 4. ⑤

[제11장] 3. ③ 4. ③

[제12장] 3. ④ 4. ④

[제13장] 3. ⑤ 4. ⑤

[제14장] 3. ④ 4. ④

[제15장] 3. ⑤ 4. ③

[제16장] 3. ② 4. ③ 5. ④

[제17장] 3. ④ 4. ② 5. ③

국문색인

영문색인

[저자약력]

서울대학교 경영학 학사
University of Washington-Seattle(M.B.A.)
University of Wisconsin-Madison(Ph.D.: 인사/조직 전공)
성균관대학교 경영학부 교수
한국경영학회, 한국인사/조직학회 및 한국노사관계학회 상임이사(역임)
노사정위원회 공익위원(역임)
행정고시 및 공인노무사 출제 및 면접위원(역임)

〈저　　서〉

전략적 인적자원관리, 박영사, 2007
인적자원관리 프론티어(공저), 박영사, 2007
디지털시대의 경영학(공저), 박영사, 2001
조직행동의 이해(공저), 박영사, 2001
경영통계학(공저), 태성출판사, 1995

에센스 인적자원관리

2008년 9월 25일 초판발행
2013년 8월 20일 중판발행

저 자 황 규 대
발행인 안 종 만
발행처 (주)박영사
서울특별시 종로구 평동 13-31번지
전화 (733)6771 FAX (736)4818
등록 1959. 3. 11. 제300-1959-1호(倫)

www.pybook.co.kr e-mail: pys@pybook.co.kr

정 가 20,000원　　ISBN 978-89-7189-853-6